긴    잠에서   깨다

**일러두기**

- '70년만의 귀향', '유골발굴'을 비롯해 사업명과 단체명은 공식 명칭에 따라 표기했다.
- 본문에 나오는 일본 절은 '광현사'를 제외하고 모두 일본식 발음으로 표기했다.
- 단행본은 겹꺾쇠표(《》)로, 영상물이나 논문, 법령은 꺾쇠표(〈〉)로 표기했다.
- 본문에서 언급한 매체 중 국내에 출간·소개된 경우 번역된 제목을 따랐고, 국내에 소개되지 않은 경우에는 원어 그대로 표기했다.
- 인명 및 지명 등은 국립국어원 외래어표기법을 따랐으며 필요에 따라 원어를 병기했다.
- 각 장 앞에 들어가는 글은 정병호 교수 논문 〈기억과 추모의 공공인류학: 일제 강제노동 희생자 발굴과 귀환〉,《한국문화인류학》(2017.50(1): 3-46)에서 발췌했다.

# 긴 잠에서 깨다

일제
강제노동 희생자

유골발굴이
새긴

기억의 공공인류학

정병호 글·구술

푸른숲

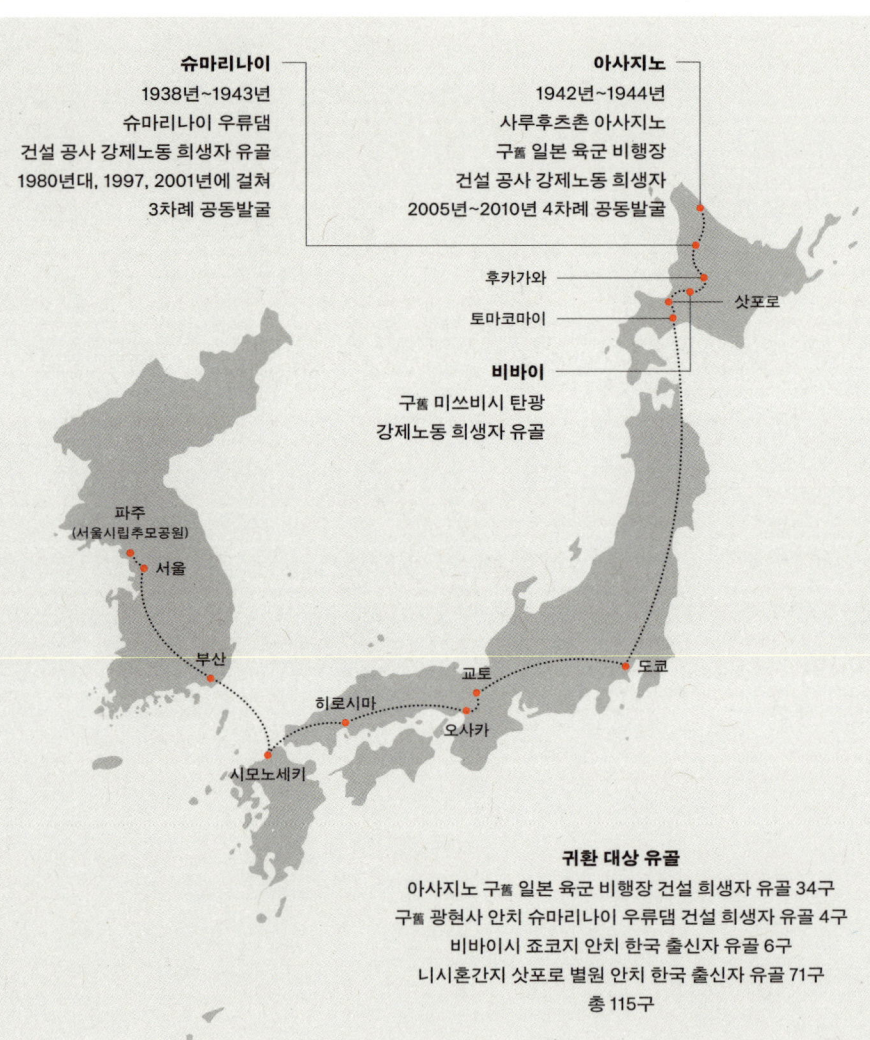

2015년 '70년만의 귀향' 이동 경로

1941년 훗카이도 슈마리나이 우류댐 공사 현장, 건설 당시 동양 최대 규모

구舊 광현사에서 발견된 메이우선名雨線 철도와 우류댐 건설 희생자 위패,
가장 왼쪽에 위치한 것이 조선인 '황병만'의 위패

1997년 구舊 광현사 앞에서 촬영한
'홋카이도 슈마리나이 강제노동 희생자 유골발굴 한일대학생공동워크숍' 참가자 단체 사진

1997년 슈마리나이 발굴 현장 위령제,
정병호(오른쪽), 도노히라 요시히코(왼쪽) 공동 대표

1997년 슈마리나이 발굴 유골
현장 감식

2010년 홋카이도 아사지노,
구舊 일본 육군 비행장 건설 강제노동 희생자 유골발굴 현장, 발굴 비트

2010년 아사지노 발굴 현장,
작은 나무 상자 안에 목이 꺾인 채 매장된 유골의 모습

2013년 홋카이도 히가시카와쵸,
에오로시江卸 발전소 강제노동 희생자 유골발굴 현장, 아이누식 추모제

2013년 히가시카와쵸 발굴 현장을 떠나며
참가자들이 꽃을 놓아 만든 추모의 길

2015년 '70년만의 귀향',
홋카이도 비바이시 죠코지, 희생자 유골을 모시고 나오는 행렬 앞 영정사진을 든 정병호(왼쪽)와 박선주(오른쪽)

2015년 '70년만의 귀향',
부산항 입구 위령제, 행렬 맨 앞 박선주(왼쪽)와 정유성(오른쪽)

2015년 '70년만의 귀향',
부산 수미르공원, 희생자 유골함을 든 부산 '어린이어깨동무' 회원

2015년 '70년만의 귀향',
서울 시청 광장에서 열린 장례식

파주 서울시립묘지 '70년만의 귀향' 묘역

2016년 홋카이도 강제노동 희생자 '박점용'을 기억하는 '평화디딤돌', 지하철 종로3가역 5번 출구 앞 설치

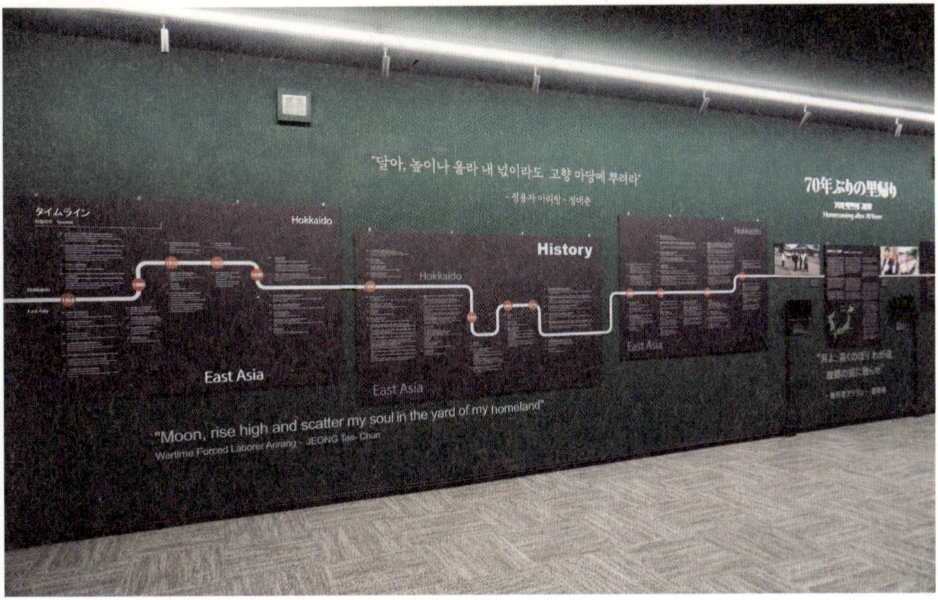

2024년 9월 '사사노보효전시관(구舊 광현사)' 자리에 한일 시민들이 새롭게 만든
'슈마리나이강제노동박물관', 전시관 내부

2024년 9월 28일 '슈마리나이강제노동박물관' 개관식,
참가자 단체 사진

프롤로그
# 좀 더 나은 내일을 여는 일

"유골 하나가 다이너마이트 천 개의 위력을 지니고 있어요."

일제강점기, 참혹한 강제노동을 당하다 죽고 숲속에 아무렇게나 묻혀 수십 년 동안 방치된 유골들이 있다. 위 문장은 그렇게 방치된 유골이 역사적·사회적으로 얼마나 중대한 문제인지, 오랜 세월 이를 외면해온 일본 정부가 얼마나 어리석은지를 지적한 한 원로 인류학자의 말이다. 그 다이너마이트가 한일 관계를 갈등으로 몰아가 파괴적인 위력을 발휘하게 만드는 대신, 역사의 진실을 밝혀 두 나라 간 화해를 이루는 평화적 원동력이 되게 만들어온 놀라운 사람들이 있다. 이 책은 지난 30여 년간 일본 북단 홋카이도에서 강제노동 희생자들의 유골을 발굴해 고국으로 송환하고 유족을 찾아주는 한편, 그 과정에서 한국과 일본, 동아시아의 젊은이들이 우정을 쌓아온 이야기다.

1997년 여름, 홋카이도의 외딴 숲속에 젊은이 수십 명이 모여 땀을 흘려가며 유골을 발굴하고 수습해 정중한 추모 의례를 올려드렸다. 밤에는 열띤 토론과 어울림의 시간이 이어졌다. 작은 시골 동네의 주민들은 뜻을 모아 이들을 물심양면으로 지원했고 매끼 정성 가득한 밥을 지어주며 응원했다.

젊은이들은 친구가 되고, 서로의 언어를 배우고, 바다 건너 만나러 다니며 유학도 갔다. 사랑하고 결혼도 했다. 시간이 흘러 그들은 시민운동가, 연구자, 교수, 작가가 됐으며 한일 관계를 비롯한 동아시아 평화의 다양한 분야에서 전문성을 발휘하는 중이다. 지금은 그 다음 세대의 젊은이들이 이 일에 합류하고 있다.

이 창의적인 시민운동은 다큐멘터리로도 제작됐다. SNS로 퍼져나가고 학회 발표와 논문으로 소개되기도 했다. 전쟁과 국가폭력으로 인한 학살 문제를 다룬 2024년 파리의 국제학술회의에서는 국가도 해결하지 못한 문제를 시민의 자발적 참여로 풀어나간 혁신적 평화운동의 사례로 많은 박수를 받았다. 가해자와 피해자라는 이분법을 넘어선 인간관계에 대한 깊은 감수성, 이념을 초월한 진정한 인본주의, 평화와 진보를 위한 강인한 실천에 감동했다는 평이 이어졌다. 기억과 추모의 인류학 지평을 넓힌 새로운 관점이라는 평가도 있었다. 유골 송환 과정을 다큐멘터리로 제작한 영상인류학자 데이비드 플래스David W. Plath 교수는 "전 세계가 이 모습을 보고 배우기를 바랍니다"라는 소회를 남겼다. 실제로 세계 곳곳에서 피해자의 유골 문제를 정의롭게 풀어나가고자 애쓰는 단체들이 이 사례에서 많이 배운다고 한다.

이 이야기를 풀어낸 사람은 인류학자 정병호 교수다. 그는 도노히라 요시히코殿平善彦라는 일본 스님과 함께 강제노동 희생자 유골 문제를 사회적 운동으로 만들어냈다. "이 일은, 바로 이 시대를 살아가는 우리가 좀 더 나은 내일을 열기 위해 반드시 마주하고 성찰해야 할 과제다"라는 그의 말처럼 이 책은 단순히 강제노동 피해자의 유골발굴을 넘어 동아시아 차원의 평화와 연대의 장을 만든, 희망의 역사를 쓴 기록이다.

　　책 내용의 원자료는 2023년도 국사편찬위원회 구술자료 수집사업, 〈일제 강제동원 희생자 유해발굴과 한·일 시민 평화운동: '동아시아공동워크숍' 사례를 중심으로〉의 정병호 교수 구술녹취록이다. 그는 2024년에 작고해 안타깝게도 저자가 직접 구술기록을 편집해 책으로 남길 수 없게 됐다. 우리는 어떻게든 이 중요한 기록을 책으로 펴내기 위해 편집위원회를 구성했다. 가까운 제자를 마주하고 마음 편히 이야기로 풀어낸 내용을 정리한 책이라 문장이 다소 산만할 수 있다. 하지만 글쓰기의 무거움에서 벗어나 말로 풀어낸 이야기가 지닌 생생함과 재미가 있다. 독자들도 탁월한 이야기꾼 정병호 교수와 마주 앉아 그의 이야기를 듣는다는 편한 마음으로 읽어주시기 바란다.

2025년 편집위원회

**차례**

프롤로그 좀 더 나은 내일을 여는 일     17

## 1장   운명적인 만남
### 당신의 도움이 필요합니다

| | |
|---|---|
| 일본 현장 연구를 가다 | 29 |
| '이상한' 스님 | 32 |
| 운명이 결정되는 어린이집 | 35 |
| 한 달 댁에서 신세 좀 지겠습니다 | 36 |
| 댐 공사 현장에서 조선인의 위패를 발견하다 | 40 |
| 뜻이 통하는 사람을 만난다는 것 | 42 |

## 2장   강제노동 희생자 유골발굴 기획
### 인류학자라면 해야 하지 않을까

| | |
|---|---|
| 조릿대숲에서 한 약속 | 47 |
| 일본 평화교육의 선구자를 만나다 | 50 |
| 아버지와의 마지막 시간 | 53 |
| 가해와 피해의 구도를 넘어 | 54 |
| 강제노동 희생자 유골발굴을 기획하다 | 56 |
| 준비된 사람들 | 58 |
| 한일 유골발굴 실행 위원회를 꾸리다 | 61 |

3장  역사적으로 '연루'된 이들
처음으로 유골을 만나다

유골발굴 프로젝트에 전환점이 된 인터뷰 67
국적은 제각각, 마음은 한 뜻 70
학생 자치 위원회를 만들다 74
홋카이도 주민들의 인심 77
만나도 될 만큼은 공부해야 한다 78
현장에서 터진 '앙케트' 갈등 81
첫 번째 유골이 출토된 날 84
양립 구도를 넘어선 공동체가 되다 88


4장  나비효과
부드럽고 약한 사람들의 고리는 변화를 일으킨다

강제노동 희생자의 유족을 찾아가다 95
'한일'을 넘어 '동아시아'로 99
재일동포 청년들이 불어넣은 생명력 104
통일이 돼도 우리는 차별받을 것 같아요 107
다양한 문화를 경험하는 교육 109
차별은 보이지 않을 뿐이다 113
신뢰와 연결의 감각 117
이성도 본성이야! 119

## 5장　기약 없이 보관된 유골들
### 망각 속에 가라앉은 기억을 되살리다

| | |
|---|---|
| 무덤도 없이 떠난 사람들의 무덤을 만들다 | 125 |
| 조선 출신, 30대 남성 | 128 |
| 과거사를 넘어선 아사지노 유골발굴 | 132 |
| 세우지 못한 희생자 추도비 | 135 |
| 대학 강당에 방치돼 있던 유골 | 138 |
| 아이누의 후손과 동학 지도자의 후손 | 141 |
| 이름과 신원이 지워진 101구의 유골 | 144 |
| 정태춘의 〈징용자 아리랑〉 | 147 |

## 6장　유골 115구의 귀환
### 삶과 죽음을 어떻게 기억할 것인가

| | |
|---|---|
| 유골의 사연과 미완의 숙제 | 163 |
| 안 된다는 말만 하는 정부 기구, 본질을 외면한 보상 기관 | 164 |
| '누구의 유해인가'도 중요하지만 | 170 |
| 그분들이 왔던 길로 되돌아갑시다 | 172 |
| 과거는 '덮고 갈' 수 없다 | 174 |
| 묘역을 마련하다 | 177 |

## 7장 '70년만의 귀향'
### 길고 긴 잠을 깨우다

| | |
|---|---|
| 귀향의 시작 | 183 |
| 배를 타고 도쿄-교토-히로시마까지 | 185 |
| 115구의 유골, 115개의 유골함 | 187 |
| 고향 땅의 뜨거운 환영 | 189 |
| 사회·문화적 연대가 만든 장례식 | 191 |
| 돈도 명예도 바라지 않고 | 193 |
| 하나의 유골은 천 개의 다이너마이트와 같다 | 195 |
| 아이누의 '85년 만의 귀향' | 198 |
| 멀리 가고자 하는 사람은 함께 간다 | 200 |

## 8장 평화디딤돌
### 기억을 일상으로 가져오다

| | |
|---|---|
| 걸림돌과 디딤돌 | 207 |
| 기억·진실·평화의 상징 | 210 |
| 마음을 움직이는 작은 일부터 다시 시작하자 | 213 |

## 9장 강제노동박물관 건립
사람들 마음에는 사라지지 않는 기억이 있다

| | |
|---|---|
| 무너진 전시관을 다시 세우다 | 221 |
| 강제노동 현장에 세워진 첫 번째 박물관 | 225 |
| 이스트 아시안 드림을 상상하다 | 227 |
| 뜨거웠던 여름의 기억이 연결되고 움직이기를 | 231 |

### 에필로그
# 철부지 소년이 실천인류학자가 되기까지

| | |
|---|---|
| 10월 유신이 10대 청소년을 바꿔놓다 | 237 |
| 경찰서에서 구치소까지, 자유를 위한 갈망이 싹트다 | 241 |
| '문화운동'의 세례를 받다 | 244 |
| 야학 교과서를 만들며 인류학에 매료되다 | 245 |
| 미국에서 드디어 시작한 인류학 공부 | 249 |
| 나의 쿨한 선생님 | 250 |
| 일본에 대해 욱하는 마음을 | 252 |
| 1984년, 달동네 해송아기둥지 | 255 |
| 유골발굴의 계기가 된 일본 현장 연구 | 258 |

**부록**

정병호의 선물, 동아시아에 심은 희망의 씨앗 · 도노히라 요시히코　261

슈마리나이에서 피어난 평화의 씨앗 · 김영환　265

현장의 인류학, 기억의 공동체를 만들다 · 박선주　268

'분단'을 넘어서는 공감의 힘 · 김정희　271

세계적 흐름 내 동아시아공동워크숍의 특징 · 플로랑스 갈미슈　273

계속 살아 숨 쉴 실천의 삶 · 테사 모리스-스즈키　276

학위 논문을 위해 일본 어린이집들을 비교하는 현장 연구를 진행하고 있던 1989년 가을이었다. 홋카이도 시골의 작은 절에서 어린이집을 운영하던 도노히라 요시히코 스님을 만났다. 매일 밤 서로의 가치관, 아동관, 보육관을 이야기하며 새벽을 맞이하곤 하던 어느 날, 도노히라 스님은 그곳에서 멀리 떨어진 산중의 한 댐 공사 현장에서 일제에 의해 강제로 끌려온 많은 조선 사람이 희생됐다는 사실을 우연히 알게 됐다는 이야기를 들려줬다. 벌써 10년째 숲속에 묻힌 유골을 찾아내 불교식으로 화장해 모시고 있다고 했다. 희생된 분들의 유족을 찾아서 유골을 전해드리고 싶다고 안타까운 마음을 전했다.

**_〈기억과 추모의 공공인류학〉 중에서**

1장  **운명적인
만남**

당신의 도움이 필요합니다

## 일본 현장 연구를 가다

대부분의 인류학자가 현장 연구 과정에서 경험하듯, 이 모든 일은 뜻하지 않은 만남에서 시작됐다. 내가 미국 대학 박사 학위 논문을 쓰기 위해 일본 어린이집들을 비교하는 현장 조사를 진행하던 1989년 가을이었다. 그곳에서 도노히라 요시히코 스님을 만났고 그 만남을 계기로 '동아시아공동워크숍(이하 워크숍)'이라는 일제 강제노동 희생자 유골발굴과 평화운동을 시작했다.

처음 일본에 현장 연구를 간 건 1983년이었다. 대학에 "한국과 일본의 유아원을 비교 관찰하겠다"는 연구 제안서를 썼는데 그게 덜컥 선정됐다. 왕복 비행깃값, 여비, 연구비에 체재비까지 나왔다. 일본에 한 달 동안 머물며 여러 어린이집을 둘러봤다. 신발장에 신발을 빼곡하게 집어넣고 덧신으로 갈아신은 후 모자까지 쓴 원복을 입는 어린이집과 신발을 현관에 아무렇게나 흐트려놓고 아이들이 맘껏 뛰노는 어린이집은 참 달라 보였다. 현지 조사한 내용으로 논문을 써서 미국 인류학회에서 발표했다. 제목은 당시 지도 교수인 데이비드 플래스 선생님이 지어줬다. 〈운명은 어느 어린이집에서 결정되나Destiny, in which Nursery〉. 시적인 제목이었다. 나름 열심히 발표 준비를 했고 반응은 상당히 좋았다.

어떤 집에서 태어나 어떤 부모를 만나느냐가 아이의 운명을 결정하는 것 같아 보이지만, 제도적인 환경은 아주 이른 시기에 아이들의 삶에 개입한다. 똑같은 동네임에도 획일적이고 표준화된 어린이집을 다니는 것과 아주 자유롭고 자연 친화적인 어린이집을 다니는 것이 아이의 운명을 달라지게 하는 요소가 아닐까 생각했다. 그것이 나의 박사 논문 주제였다. 이는 '공동육아와공동체교육(이하 공동육아)'의 테마이기도 하다.

박사 논문 현장 연구를 위해 1988년에 다시 일본으로 갔다. 당시 일리노이대학교와 일본 코난대학교甲南大學는 자매결연을 맺어, 두 학기를 일본 가정에서 홈스테이하면서 일본어와 일본 사회, 문화, 역사 등을 배우는 프로그램을 제공했다. 그곳에서 강사로 일하면 월급을 받을 수 있다고 해서 코난-일리노이센터의 강사로 가게 됐다. 현장 연구를 하기에 좋은 조건이었다.

강의 시간 외에는 어린이집 참여 관찰을 했다. 영아반을 경험하고 싶었다. 참여 관찰을 위해 영아반에 들어가서 기저귀 가는 일을 몇 주씩 했다. 그렇게 1년 동안 간사이 지방 어린이집 연구를 마치고 미국으로 돌아갈 예정이었는데 갑자기 나에게 코난-일리노이센터 소장을 맡아달라는 요청이 들어왔다. 대학에서는 어차피 논문도 써야 하고 이 일을 맡아주면 임기를 마친 후에도 1년간 연구소의 연구원 자격으로 월급을 줄 테니 그동안 논문을 쓰지 않겠냐고 제안해왔다. 나는 프로그램 운영과 관련한 전권을 요구했고 그들은 내 요구를 받아들였다.

　　　당시 미국은 일본 문화에 열광하고 있었다. 지금의 K-팝, K-컬처 붐 같았다. 특히, 사무라이나 무사도에 환상을 갖고 일본을 방문하는 사람이 많았다. 코난-일리노이센터도 이른바 일본의 '고급 문화'를 가르치는 프로그램이 중심이었다. 나는 이 프로그램을 싹 바꿔버렸다. 센터에서 진행할 프로그램의 1년 주제를 '주변으로부터 보는 일본 문화japanese culture from the periphery'로 정했다. 일본의 지배 문화를 공부하는 것이 아니라, '우리는 주변에서 출발한다'가 핵심 주제였다.

　　　미국 학생 서른 명 정도를 데리고 홋카이도로 갔다. 홋카이도 프로그램은 아이누(アイヌ, 오늘날 일본의 홋카이도, 도호쿠 지방에 정착해 살던 선주민) 지도자 오가와 류키치小川隆吉 선생과 함께 기획했다. 미국 학생들은 아이누 마을에서 열흘 가까이 홈스테이를 하면서 현장 연구를 했다. 일본에 도착하자마자 기차와 페리를 타고 홋카이도를 거쳐 일본 열도를 돌아서 다시 오사카로 돌아오는 여정이었다. 페리에서 일본 간사이대학교 인권문제연구소의 연구원으로 있던 조박趙博 선생이 일본의 소수민족 문제에 대해 강의했다. 그렇

게 나와 홋카이도의 인연은 깊어졌다.

## '이상한' 스님

도노히라를 알게 된 건 오가와 선생과 그의 부인인 사나에 선생 덕분이었다. 현지 조사를 할 때 프로그램 개발을 위해 홋카이도 소수민족인 아이누를 만나고 싶었다. 그때 조 선생의 소개로 홋카이도에 가게 됐고, 조 선생이 내게 아이누 사람인 오가와 선생과 사나에 선생을 소개해줬다.

오가와 선생의 아버지는 일제강점기 당시 홋카이도 강제노동 현장으로 끌려온 조선인이었다. 그는 홋카이도의 타코베야タコ部屋 강제노동 현장에서 탈출해 아이누 여성을 만나 결혼했는데 둘 사이에서 태어난 사람이 바로 오가와 선생이었다. 두 분을 통해 조선인과 홋카이도 아이누의 식민사가 중첩되는 순간을 만나게 된 것이다. 일본 제국주의는 먼저 홋카이도 아이누를 침략했고 그 경험을 대만에 적용했다. 대만까지 정복한 일본 제국주의의 다음 순서는 조선이었다. 역사의 산증인인 오가와 선생을 만나면서 일본 제국주의의 확장과 그 단계를 이해할 수 있었다. 이 이야기는 후에 KBS 다큐멘터리 〈조용한 인간의 대지〉로 제작됐다.

1년 동안 논문 현상 연구를 했지만 소장직을 맡으면서는 현장에 나갈 여유가 없었다. 일본에서 반년 동안 다시 현장 연구를 하며 자료를 정리하고, 남은 반년은 학교로 돌아가서 논문을 쓰겠다고 마음먹었다. 가을이 되자 홋카이도로 향했고 다시 현장 연구를 시작했다. 아이누에 대해서도 더 제대로 알고 싶었다. 홋카이도에 머무는 동안 마이너리티minority 교육의 관점에서 초·중·고등학교도 방문하면서 아이누 현장 연구를 이어갔다.

아이누 관련 주제로 홋카이도에 갔지만 어린이집도 살펴봤다. 특히 삿포로시에 있는 진보적이고 혁신적인 노조에서 운영하는 어린이집과 아주 자연 친화적인 네트워크 안에서 움직이는 어린이집을 방문했다. 나는 '키샤폿포汽車ポッポ'라는 어린이집에서 현장 연구를 했고 선생님들도 나에게 꽤 친절히 대해줬다. 그런데 어느 날, 평소 나에게 다정하던 선생님 한 분이 내가 머물던 오가와 선생 댁으로 전화를 걸어 사나에 선생에게 이렇게 물었다고 한다.

"미국 대학의 선생이라는 사람 좀 이상하지 않아요? 혹시 CIA 아닌가요?"

그때 사나에 선생이 전화를 받고 단단히 야단을 쳤다고 한다. 우리 식으로 말하면 "야, 이 쪽바리야"라는 식으로 말이다.

"이 샤모シャモ야! 병호가 그런 사람이냐? 병호는 거기가 좋다고 그러는데 너네들은 앞에서는 그렇게 착한 척하면서 뒤로는 이게 무슨 짓이냐!"

나는 너무 화가 났다. 뒤통수를 맞은 기분이었다. 그렇지 않

아도 힘든 상황이었는데 믿었던 사람이 그런 말을 했다는 사실에 큰 스트레스를 받았다. 사나에 선생이 "야, 그런 찌질한 놈들……" 그러더니 "가난한 아이누가 죽으면 장례를 치러주는 중이 있어. 아이누 장례식 때 와주는 일본 중이 잘 없는데, 그 중은 그냥 전화만 하면 언제든지 달려와서 염불을 해. 약간 좀 이상한 중(変わった坊主, 카왓다보즈)인데, 그 사람도 어린이집을 한다니까 거기나 가볼래?"

그러더니 이렇게 말했다.

"거긴 시골이야. 너 삿포로 시내에서 그런 애들한테 당하고 마음고생했잖아. 거기 가서 좀 쉬고 와. 그냥 시골 절인데 손님 대접을 참 잘해. 가서 며칠 푹 쉬고 오면 좋을 거야."

후카가와시深川市 타도시多度志에 있는 절을 알려줬다.

간사이 지역에서 절이 운영하는 어린이집은 몇 군데 본 적이 있었다. 많지는 않지만 솔직히 절 어린이집이 갖는 답답함이 있었다. 한국도 마찬가지 아닌가. 교회에서 운영하는 유치원만 봐도 매일 기도하고 정해진 틀 안에서 움직인다. 일본 절이 운영하는 어린이집 역시 그런 경향이 있었다. 이미 비슷한 곳을 많이 봤는데 굳이 가볼 필요가 있을까 싶었다. 그럼에도 불구하고 가기로 했다. 시골에 있는 절이기도 하고 무엇보다 사나에 선생과 친하게 지내는 스님이라고 했기 때문이다. 막상 가보니 원장인 주지 스님은 자리에 없었다. 스님은 늘 부재 중이었다.

## 운명이 결정되는 어린이집

처음 어린이집에 도착했을 때의 풍경이 지금도 잊히지 않는다. 홋카이도의 9월은 제법 쌀쌀했다. 그런 날씨에도 아이들은 속옷 바람에 모래와 섞인 시커먼 진흙탕에 앉아서 놀고 있었다. 선생님도 진흙탕에서 맨발로 아이들과 신나게 놀고 있었다. 말문이 막혔다. 내가 갔더니 아이들이 갑자기 나한테 진흙을 막 던졌다. 그 광경을 보면서 '야! 여기다! 여기!'라는 느낌이 들었다.

'이건 굉장히 진보적이고 리버럴한 어린이집이 아니면 못하는 건데. 이 홋카이도 시골에서 어떻게 이게 될까? 이 동네가 다 그런가? 그렇지 않다면 정말 여기는 내 연구 주제인 운명이 결정되는 어린이집, 바로 그곳 아닌가.'

교토나 오사카 같은 대도시에서는 부모들이 자신들의 가치관에 따라 어린이집을 선택할 수 있다. 하지만 이곳은 달랐다. '운명'이 결정되는 어린이집이었다. '야……! 이거 잘하면 좋은 케이스가 되겠네' 하는 생각이 번뜩 들었다. 그래서 아이들과 텃밭도 가고 함께 놀았다. 이틀 정도 머물렀는데 주지 스님은 만날 수 없었다. 주지 스님 없는 절에 손님으로 자리 잡고 어린이집 선생님들과도 엄청 친해졌다. 함께 대설산大雪山으로 등산도 갔다. 다른 어린이집에서도 그랬듯이 선생님들과 친밀한 관계를 유지했는데, 그러는 동안에도 주지 스님은 늘 출타 중이었고 절에는 스님의 아버지, 어머니와 부인만 있었다.

나는 주지 스님의 아버지, 어머니한테 언제부터 이렇게 자유로운 방식으로 어린이집을 운영하게 됐는지 여쭤봤다. 아들인 원장, 새 주지가 와서 달라졌다는 이야기를 들었다. 예전 사진을 봤는데 그때는 간사이 지역에서 봤던 절에서 운영하는 전형적인 어린이집과 다를 바 없었다. 그런 곳이 이렇게 바뀐 것이다. '어떻게 이렇게 바꿨을까? 어떤 저항이 있었을까? 지역 사회나 부모들은 이 변화를 어떻게 받아들였을까?' 하는 궁금함이 생길 수밖에 없었다. 원장을 꼭 만나고 싶었다.

### 한 달 댁에서 신세 좀 지겠습니다

나는 며칠 새 어린이집 아이들과 선생님들이랑 친해졌다. 함께 실컷 놀고 삿포로에도 다녀왔다. 삿포로에서 여러 일을 마친 뒤 다시 후카가와로 돌아와 선생님들과 대설산에 다녀왔는데, 등산을 한 그날에 '후레뿌'라는 커피숍에서 마침내 도노히라를 만났다. 그런데 이 원장은 이미 나에 대해 알고 있었다.

커피숍에서 도노히라를 마주하자마자 이야기를 꺼냈다. "당신이 없을 때 어린이집을 봤는데 굉장히 재미있습니다. 내가 한 달만 당신 절에 있으면서 참여 관찰을 했으면 좋겠습니다"라는 말을

하고 싶었다. 나는 그 말을 "이소로 사세테 이따다키마스!居候させていただきます!"라고 했다. "한 달 댁에서 신세 좀 지겠습니다"라는 뜻이었는데 만난 지 몇 분도 지나지 않아 이 이야기를 했다. 그 말에 도노히라의 얼굴빛이 좀 바뀌는 듯했다. 이해할 수 있었다. 일본에는 그렇게 단도직입적으로 말하는 사람이 거의 없기 때문이다. 도노히라가 "잠깐……" 이러더니 "요시, 야로!(よし、やろう!, 좋아, 하자!)"라고 했다. 깜짝 놀랐다.

그때 도노히라의 반응이 좀 미적지근했으면 나는 그곳에 머물지 않았을지도 모른다. 이미 미국으로 돌아가 박사 논문을 써야 할 시점이었다. 특별히 어린이집 현장 연구를 한 달 더 연장할 필요도 없었다. 간사이 지역에서 2년 동안 현장 연구를 했고 수집한 자료도 충분했다. 일본 전체 보육 제도의 흐름, 그리고 어린이집의 전국적인 연대망과 그 배경, 교육 내용 등은 충분히 파악했다. 하지만 전국 규모의 여러 사례를 나열하며 비교하는 글쓰기는 재미가 덜할 것이다. 그보다 하나의 지역 사회 안에서 한 어린이집이 어떻게 각기 다른 성격의 아이를 길러내는지, 어떻게 다르게 행동하는지, 그리고 그 과정에서 어떤 어른들이 어떤 방식으로 아이들과 관계 맺는지를 집중적으로 그려내는 편이 더 의미 있어 보였다. 홋카이도의 작은 마을에 있는 어린이집이 하나의 '연구 주제'로 흥미롭게 다가왔다.

도노히라의 가족은 내게 별채를 내줬다. 그곳은 예전에 도노히라 가족이 함께 살던 집이었다. 말로 다 할 수 없이 좋았다. 나로서는 더없이 이상적인 현장이었다. 내가 절에 머무는 동안 도노히라도 가끔 어린이집에 들러 아이들과 놀아주곤 했지만, 늘 외부 일로 분주했다. 종종 며칠씩 출장을 가 밤늦게 귀가하기도 했다.

도노히라는 돌아온 날이면 조용히 방문을 열고 들어왔다. 내가 저녁을 먹고 연구 노트를 정리하고 있을 즈음으로 대개 밤 9시 무렵이었다. 그는 브랜디를 한 병씩 들고 왔는데 그때부터 둘이 함께 술을 마시기 시작했다. 그리고 내가 물어보는 모든 질문에 진심을 다해 답해줬다. 정말 과분할 정도였다.

도노히라의 부인 히데미 선생의 손님맞이는 그야말로 인상적이었다. 일본 절집의 환대 문화는 이미 잘 알려져 있었지만, 히데미 선생은 유독 편안한 분위기로 손님을 맞이해줬다. 아이들과 함께 놀고 선생님들과 이런저런 이야기로 하루를 보내고 돌아오면 정성스럽게 준비된 맛있는 식사를 함께하고 가끔 도노히라의 아버지, 어머니와 담소를 나누기도 했다.

도노히라의 부모님은 나를 무척 좋아했다. 내가 어린이집 원장을 만나고 싶었던 이유 중 하나는 도노히라의 어머니가 우리 어머니와 놀라울 만큼 기질이 비슷했기 때문이다. 어쩌면 이토록 닮을 수 있을까 싶었다. 도노히라 역시 우리 어머니를 처음 뵙고는 깜짝 놀랐다고 했다. 나의 어머니는 독실한 기독교 집안의 신자였고 도노히라의 어머니는 절집에서 태어나 절집에 시집간, 불교 안에서만 살아온 분이었다. 그럼에도 두 사람에게는 공통된 기질이 있었다. 손님을 좋아하고 사람을 환하게 맞아줬다. 처음 도노히라의 집을 방문했을 때 어머니는 내게 잘해주고 싶어서 눈이 반짝반짝 빛났다. 그게 참 좋았다. 나는 뵐 때마다 넙죽넙죽 절을 했는데 도노히라의 아버지는 "명치시대 지사의 기품이 있다"며 좋아했다.

도노히라의 집안 이야기는 무척 흥미롭다. 그의 할아버지는 나라현의 사무라이였다. '전하殿下'에서 유래된 '도노殿'라는 성씨는 아무나 가질 수 있는 것이 아니었다. 그런 사무라이 집안의 아들, 그러니까 도노히라의 아버지는 교토의 귀족 자제들이 다니는 이름난 사립학교를 다녔다. 1930년대에도 졸업 수학여행이 있었는데 목적지가 미국이었다. 배를 타고 태평양을 건너 샌프란시스코에 다녀온 뒤 그는 이렇게 말했다고 한다.

"나는 미국에서 살아야겠다. 일본은 나라도 아니다."

그러나 당시 미국은 아시아인의 이민을 철저히 통제하고 있었다. 중국인을 비롯한 아시아인의 이민은 막혀 있었고 일본인 역시 마찬가지였다. 다만 한 가지 예외가 있었다. 종교적 자유를 근거로 사회에서 이미 거주 중인 승려를 통해 새로운 종교인을 초청하는 것만은 허용됐다.

그래서 어린 중학생이 미국에 대한 선망을 갖고, 그러니까 한국으로 비유하면 동국대 불교학과에 해당하는 류코쿠대학교龍谷大學 승려과에 입학한 것이다. 도노히라의 아버지는 승려 자격증을 취득한 후 바로 미국으로 가려고 했으나 "최소한 2년은 전도사로 활동한 뒤에 갈 수 있다"는 이유로 발목을 잡히고 말았다. 그래서 간 곳이 홋카이도였다. 그러나 그 기간 중 아시아-태평양 전쟁이 발발하면서 미국에 갈 수 없게 됐고 홋카이도에서 절집 여성과 결혼해 자리를 잡았다. 그랬던 그가 미국 대학에서 강사로 있던 조선 사람을 만나게 됐으니 미국 이야기가 얼마나 듣고 싶었을까. 내가 머무는 동안 그는 끊임없이 미국에 대해 물었다.

## 댐 공사 현장에서 조선인의 위패를 발견하다

도노히라와 서로의 성장 과정과 경험을 나누다 보니 우리에게 놀랄 만큼 비슷한 점이 많다는 것을 알았다. 도노히라 역시 대학 시절 학생운동에 몸담았다. 일본과 한국의 학생운동은 10년 정도 시차가 있다. 1945년생인 도노히라는 일본 학생운동 중에서도 낭만적이고 문화적 색채가 강했던 마지막 세대였다. 나는 1980년대의 조직적인 학생운동이 본격화되기 이전, 개인적인 각성과 문제의식에 기반해 자발적으로 참여하던 낭만적이고 문화적 성격이 짙은 학생운동의 마지막 세대였다.

도노히라는 전쟁 후 자유주의적 교육 이념을 바탕으로 홋카이도 후카가와시에 세워진 아주 리버럴한 학교에 다녔다. 거기서

'니시코'라는 연극 활동을 했다. 그리고 교토의 류코쿠대학교에 입학해 학생운동에 참여했다. 그 과정에서 사회주의 계열의 세계청년대회에도 참여하면서 불가리아까지 다녀왔다. 또한 캄보디아의 킬링필드를 방문해 촬영도 했고, 그 참상을 일본 사회에 알리는 활동도 했다. 캄보디아에서의 경험은 그에게 유골 문제에 대한 깊은 각성을 불러일으킨 계기가 됐다.

도노히라는 교육 철학 석사 과정을 마친 뒤 교토에 머물다가 아버지와 절 일을 하기 위해 고향인 홋카이도로 돌아왔다. 교토에서 진보적인 운동을 하던 그는 고향으로 돌아오면서 어딘가 모르게 좌절감을 느꼈을 것이다. 그런 가운데 도노히라가 새롭게 관심을 두기 시작한 건 바로 아이누 문제와 민중사발굴운동이었는데, 이는 홋카이도 아이누 선주민과 조선인의 드러나지 않은 역사를 연구하는 일이었다. 그러다가 홋카이도 슈마리나이朱鞠内 우류댐雨龍ダム 공사에 수많은 일본인과 조선인 노동자가 동원됐고, 고된 노동 과정에서 목숨을 잃은 사람들이 고향에 돌아가지 못한 채 매장됐다는 사실을 알았다.

1976년 어느 주말, 도노히라는 낚시를 하러 갔다가 우연히 슈마리나이 우류댐 근처에 있는 절인 광현사(코켄지, 光顕寺)에서 조선인 강제노동 희생자 위패를 발견했다. "황병만, 쇼와 18년(1943년) 9월 10일"이라고 적혀 있었다. 황 씨가 댐 공사 과정에서 사망했다는 위패였다. 절에서 다른 위패도 볼 수 있었다. 그는 이 사람들이 어디서 왔고, 왜 이렇게 된 것일까 생각했다.

도노히라는 직전에 진보적인 향토사학자들과 지역운동가들의 민중사 발굴 이야기에 깊은 감명을 받았고, 아이누와 소수민족 차별 문제에 대해서 각성하고 있던 참이었다. 그런 흐름 속에서 마주친 위패는 우연한 발견이 아니었다. 그는 강제노동 희생자 문제를 자신의 주제로 삼아 그들의 흔적을 발굴하는 움직임을 시작했다.

## 뜻이 통하는 사람을 만난다는 것

나는 어린이집에 대해서만 물어보고 싶었지만 도노히라는 대화를 계속 역사 문제로 이끌었다. 도노히라 입장에서는 오랜만에 뜻이 통하는 한국인이 찾아온 셈이었다. 나 역시 도노히라처럼 가치관이 잘 맞는 사람은 없었다. 정치적인 입장은 물론 학생운동 경험, 진보적이고 자유주의적인 성향, 그리고 그 신념을 교육으로 실현하려는 태도까지 여러 면에서 깊이 공감할 수 있는 사람이었다.

그리고 도노히라도 현장을 갖고 있었다. 학교가 아니라 시시콜콜한 일상이 있는 어린이집이라는 현장이었다. 낮잠은 어떻게 자고, 간식은 어떻게 먹고, 부모와 교사의 관계는 어때야 하는지 등 일상생활의 여러 측면을 함께 고려해야 하는 그런 현장 말이다. 도노히라 역시 이런 생활의 구체성에 대해 많은 생각을 갖고 있었다. 그의 아버지가 일본의 일반적인 유치원이나 소학교와 같은 교육 방식으로 운영하던 어린이집을 진보적이고 자유로운 현장으로 바꾸기 위해서는 구체적인 고민과 정리가 필요했을 것이다. 놀랍게도 그런 생각들이 마치 약속이라도 한 듯 나와 아주 비슷했다.

차이가 있다면 도노히라는 풍요로운 시골의 자연환경 속에서 잘 갖춰진 보육 제도와 국가의 재정 지원을 받으며 어린이집을 운영한 반면, 나는 1984년 대도시 달동네의 척박한 환경 속에서 '해송아기둥지'를 시작했다. 도노히라의 어린이집을 보며 문득 그런 생각이 들었다. '우리가 궁핍한 환경과 조건 속에서 정신만으로 어렵게 지켜낸 어린이집의 여건이 조금만 나아진다면 아이들에게 이런 생활 환경을 제공할 수 있겠구나. 공간을 이렇게 구성하고 이렇게 실현해가면 가능하겠구나' 생각했다.

막연했던 상상이 처음으로 구체적인 그림으로 다가왔다. 그때 내 주 관심은 박사 논문 자료 수집이었다. 그리고 일본 문화에 대한 이해와 일본 사람들이 아이를 어떻게 키우는지가 더 중요했다. 반면, 도노히라는 달랐다. 그는 내가 이 역사적인 현장에서 자신과 함께 일하길 원했고 내 도움이 꼭 필요하다는 입장이었다.

1960년대 일본의 안보투쟁 세대의 젊은 지식인들은 독일의 '68세대'가 나치즘과 전쟁 책임을 회피한 자신의 부모 세대를 비판한 것처럼, 군국주의와 침략 전쟁의 역사를 단절시킨 전후 일본의 국가적이고 공식적인 기억에 반대하는 입장을 취했다. 잊혀져가던 강제노동의 희생을 다시 기억하고 되살리려는 움직임은 1970년대에 일본의 혁신적 지식인과 종교인 들이 전개한 민중사발굴운동으로 나타났다. 그중 홋카이도 소라치空知 지역에서 결성된 민중사발굴모임인 '소라치민중사강좌空知民衆史講座'는 그 지역에 산재한 탄광과 광산, 댐 공사 체험자의 구술을 토대로 강제노동의 역사를 되살리는 작업을 진행했다. 1983년부터는 홋카이도 북서부 슈마리나이 우류댐 공사장에서 찾아낸 강제노동 희생자 매장 기록을 토대로 주변 숲속에 묻힌 희생자들의 유골을 발굴하기 시작했다.

_〈기억과 추모의 공공인류학〉 중에서

2장

# 강제노동 희생자 유골발굴 기획

인류학자라면 해야 하지 않을까

## 조릿대숲에서 한 약속

도노히라는 내게 아이누 문제, 민중사, 조선인 유골 같은 이야기를 끊임없이 들려줬다. 그 이야기가 내 귀에 잘 들어왔을까? 그렇지 않았다. 나는 어린이집 자료를 빨리 모아서 돌아가야 하는 상황이었다. 게다가 그런 이야기는 이미 여러 차례 들었다. 재일동포 문제부터 시작해서 우리에게 익숙한 사안이었다. '이 지역에도 그런 문제가 있구나', '여기서도 열심히 활동하고 있구나' 하는 정도였다. 그런 '열심히' 하는 모습은 간사이 지역, 오사카, 교도, 효고 같은 곳에서 수없이 봤다. 현장 경험도 많았다. 그래서 '아, 여기도 그렇구나' 하는 생각뿐이었다. 다만 도노히라는 내가 한국 사람이라는 점 때문에 그런 이야기를 훨씬 깊게, 더 자주 꺼내는 편이었다. 나는 그럴 때마다 어린이집 쪽으로 화제를 돌렸고 도노히라는 또다시 유골 문제로 이야기를 돌렸다.

한 번은 강제노동 생존자의 증언을 듣는 자리에 함께 가자고 했다. 솔직히 망설여졌다. 저녁에는 현장 노트 정리도 해야 했다.
'아, 난 오사카에서 증언 많이 들었는데…….'

도노히라가 말했던 곳은 비바이美唄 탄광이 있는 곳에서 몇 시간 더 들어가야 하는 먼 곳이었다. 밥도 얻어먹고 있는 처지에 원장이 가자고 하니 안 갈 수도 없었다. 속으로는 '자꾸 이렇게 방해하시면 곤란한데' 생각했지만 결국 따라나섰다. 당시에는 강제노동 생존자들이 많았고 그들이 해주는 이야기는 굉장히 생생했다. 듣는 내내 뭉클했지만 '여기서 흔들리면 안 되지' 하는 다짐이 더 강했다. 나는 돌아가야 했고 이 일은 나중에 해야 할 일이기에 자꾸 미루고만 있었다.

어느 날은 도노히라가 강제노동 희생자 유해를 발굴했던 현장에 가보자고 해서 슈마리나이로 향했다. 또 하루 어린이집 참여 관찰 일정이 깨지는 셈이었다. 그래도 따라갔다. 현장에 도착해보니 충격적이었다. 자작나무숲을 지나 조릿대숲을 헤치며 들어갔다. 땅은 여기저기 움푹 파여 있었다. 묘지라고 볼 수 없었다. 그냥 방치해둔 상태였다.

도노히라는 유골발굴에 대해 이야기했다.

"전에 우리가 발굴했던 자리인데 아직도 이런 곳에 유해가 남아 있을지도 모릅니다."

일리노이대학교 인류학과는 고고학 수업 두 과목을 필수로 들어야 했는데, 나는 한여름에 미국 선주민 주거지와 무덤을 발굴하는 수업을 들었다. 유골발굴 경험이 있었기 때문에 슈마리나이 현장을 처음 방문했을 때 큰 충격을 받지 않을 수 없었다. 도노히라가 유골발굴 당시의 상황을 설명해줬다.

"우리는 이렇게 발굴하고 깨끗이 씻어서 모두 화장해드렸습니다."

심지어 화장하는 사진도 보여줬다. 그 모습을 보며 속으로 '아…… 이러면 안 되는데……'라는 생각이 들었다. 도노히라에게 말했다.

"여러분 모두 좋은 뜻으로 잘하고 계신다는 것은 알고 있습니다. 종교적으로도 의미 있는 일을 하셨지만, 이것은 역사적인 범죄 현장이자 그 범죄의 희생자들이 묻혀 있는 자리입니다. 우리가 할 수 있는 한, 증거로서 의미가 될 만큼 기록을 남겨야 하지 않겠습니까? 전문가가 올 때까지 기다려주십시오. 나도 유골 문제의 중요성은 잘 알고 있지만 지금은 논문 쓰는 게 급합니다. 빨리 논문을 쓰고 한국에서 교수가 되면 학생들과 다시 오겠습니다."

그 약속을 1989년 가을에 했고 약속을 지킨 것은 1997년 여름이었다.

## 일본 평화교육의 선구자를 만나다

도노히라가 어느 날은 홋카이도 지역의 종교인들이 평화교육을 주제로 세미나를 연다며 함께 가자고 권했다. 일본 평화교육의 선구자인 모리타 토시오森田俊男 선생을 모시고 2박 3일 일정으로 열리는 세미나였다. 피 같은 한 달에서 2박 3일이 빠지는 것이었지만 "못 가겠습니다"라는 말은 도저히 할 수 없었다. 그렇게 또 그를 따라갔다.

모리타 선생은 전일본교직원조합全日本教職員組合이 세운 '국민교육연구소國民教育研究所'의 창립자이자 원로 소장이었다. 세미나에는 오키나와 히로시마 등지에서 평화교육과 전후 일본 사회 문제를 주제로 활동하는 학교 교사들이 주로 참석했다. 히로시마에서 초등학교 교사로 일하며 동시에 승려로 활동하는 킷카와吉川도 있었다. 일본에서는 절이 학교를 운영하는 경우가 많다 보니, 불교 재단 소속 교사들이 제법 많은 편이다. 기독교계 재단이 학교를 운영하는 한국의 상황과 유사하다. 또 도노히라처럼 어린이집이나 유치원을 운영하는 사람들도 있었다. 주로 도노히라의 친구들이자 류코쿠대학교 동문들이었다. 아름다운 자연 속에 모여 서로의 삶과 실천을 이야기하며, 밤에는 술 한잔을 기울이기도 하는 그런 자리였다.

처음에는 큰 기대 없이 약간 미적거리며 참석했다. 하지만 막상 가보니 생각보다 훨씬 특별하고 의미 있는 곳이었다. 평화교육을 마음에 두고 다양한 교육 현장에서 치열하게 이론과 실천을 고민하는 사람들이 한데 모인 자리라 배울 것이 무척 많았다. 나는 모리타 선생에게 자유롭게 질문했다. 당시에는 일본어가 서툴렀는데도 하고 싶은 질문은 주저하지 않고 던졌다.

모리타 선생은 교원노조가 조직운동만 해서는 안 되고 교육 관련 연구가 병행돼야 한다며 국민교육연구소를 설립한 분이다. 내가 처음 그분께 던진 질문은 "아니, 왜 하필 '국민'입니까? 너무 국가주의 냄새가 짙은 거 아닌가요?"였다. 모리타 선생은 일본에서 그런 질문을 받아본 적이 거의 없던 듯했다. 잠시 독일의 '폴크folk' 개념을 언급하면서 '국민', '민족'이라는 개념을 설명했지만 솔직히 말해 다소 궁색한 답변이었다.

이해를 해본다면 당시 일본 사회에서는 '천황의 신민臣民'에서 '국민'이라는 개념으로 전환하는 것 자체가 큰 변화였다. '제국의 신민', '천황의 아들딸'에서 벗어나 '국민'이라는 틀의 인식 변환은 한 걸음 전진하는 행동인 셈이다. 그러니까 '시민'에는 이르지 못했지만 그 중간 단계로서 '국민' 정도의 개념을 사용한 것이다. 그런 의미에서 보면 사실상 국민교육연구소보다는 시민교육연구소에 가까운 취지를 가진 곳이었다. 모리타 선생은 일본의 교사들이 매우 추앙하는 분이라 세미나에 와도 주로 강의만 하고 돌아갔다. 그런데 나는 현장을 다니며 질문을 던지는 인류학자이다 보니 늘 본질적인 문제를 묻곤 했다.

내 질문들을 계기로 논의가 깊어졌고 모리타 선생은 상황을 꽤 신선하게 받아들인 듯했다. 어쩌면 그 점에서 내가 그에게 깊은 인상을 준 것 같다. 실제로 이후에 도노히라가 말해주기를, 모리타 선생이 계속 "정병호 선생은 어떻게 지내고 있습니까?", "요즘도 연락이 됩니까?"라고 물었다고 한다. 그 뒤로는 오히려 모리타 선생이 나를 자주 불러들였다. 나와 함께 무언가를 해보려는 움직임이 커졌던 것 같다.

　　모리타 선생과의 만남은 대단히 인상적이었다. 나중에 워크숍에 와 강연도 했다. 우리가 하는 평화운동과 평화교육에 함께해 줬다. 유골발굴 현장에서 이차르파(イチャルパ, 아이누 공동체의 추도 의례), 불교, 유교, 기독교 등 다양한 방식으로 의례를 올리곤 했는데, 그때 모리타 선생은 "사회주의자로서 무신론자의 의례를 하겠습니다"라고 하면서 베레모를 벗고 묵념했다. 모리타 선생은 일본 제국의 관동군關東軍으로 참전했다가 시베리아에서 포로 생활을 했다. 그곳에서 일본 제국주의에 대한 비판적 인식을 갖게 됐고 반천황제에 대한 생각과 사회주의 사상을 접했다고 한다. 아마 포로 수용소 안에서 장교로서 정치 교육을 집중적으로 받은 것 같았다.

## 아버지와의 마지막 시간

도노히라의 어린이집 현장 연구가 마무리됐다. 1989년, 크리스마스 즈음에 미국으로 돌아갔다. 나는 그때 도노히라에게 감사장 하나 보내지 못했다. 연하장도, 인사 편지 한 장도 없이 1년을 흘려보냈다. 집에 가니 아버지는 대장암 말기 진단을 받은 상태였고 남은 시간이 석 달이라는 말을 들었다. 나는 그때 무식하게 우선 논문부터 빨리 써야 한다고 생각했다. 그랬더니 이미 그런 경험을 했던 주변 사람들이 하나같이 말했다.

"지금 네가 논문 쓸 때가 아니다. 아버지하고 시간을 더 보내라."

가족을 잃어본 사람들이 하는 말에 정신이 번쩍 들었다. 그때 고마웠던 게 있다면 당시 내가 일리노이대학교 아시아연구소 연구원이었기 때문에 월급이 나왔다는 점이다. 덕분에 바로 아버지를 모시고 서울로 갈 수 있었다. 1990년 2월이었다. 양방 치료로는 더는 방법이 없다고 해서 침도 맞고 한약도 드시게 했다. 아버지는 국악과 축구를 좋아했다. 낮에는 국립국악원에 같이 가고 잠실에 축구 경기도 보러 갔다. 이곳저곳 모시고 다니며 아버지와 함께 시간을 보냈다.

아버지를 모시고 한국에 있으면서 영유아보육법 제정 활동도 했다. '어린이걱정모임'을 여성단체인 '또하나의문화'와 함께하면서 내 논문 주제인 어린이집 만들기에 대해 이야기했다. 그때 '공동육아'라는 개념을 함께 만들었는데, 1990년 당시 우리는 영유아보육법 제정을 촉구하면서 "이왕 늦게 만드는 것이라면 보육법을 만들 게 아니라 공동육아법을 만들어야 한다. 사회적 공동육아의 틀을 마련해야 할 때다"라고 주장했다. 나는 오전부터 이른 오후까지는 아버지하고 시간을 보내고, 오후부터 저녁까지는 보육법 관련 활동에 매진했다. 하고 싶던 일을 마음껏 하며 지냈다.

  아버지는 그해 11월에 돌아가셨다. 그때 도노히라의 아버님이 떠올랐다. 파킨슨병을 앓고 계셨는데 '참 힘드셨을 텐데 내가 그렇게 신세만 지고……' 하는 마음이 들었다. 그제야 비로소 정신이 들었다. 이듬해 1월쯤 도노히라에게 연락했다. 거의 1년 만에 다시 소식을 전한 셈이었다. 아버지가 돌아가셨다는 이야기를 전하고 도노히라 아버님의 안부를 물었다. 도노히라는 아버님의 소식과 함께 모리타 선생의 근황도 전해줬다. 모리타 선생이 나를 많이 찾았다는 것이다. 그렇게 다시 모리타 선생이 주도하는 평화교육운동 그룹과 만나게 됐다.


## 가해와 피해의 구도를 넘어

  모리타 선생의 초청으로 '홋카이도평화포럼'에 참석했다. 나뿐만이 아니라 아내 정진경 선생도 함께 초대해 우리 부부를 극진히 대접해줬다. 일본에서도 강사에 대한 예우는 각별한 편이지만 나는 그럴 만한 위치가 아니었기에 과분한 대접이었다.

　홋카이도평화포럼 이후, 이번에는 내가 한국에서 '평화워크숍'을 마련했다. 1993년 12월 속리산이었다. 모리타 선생을 비롯해 히로시마와 오키나와 등지에서 활동하는 일본의 대표적인 평화교육 실천가 열두 명이 참석했고, 한국에서도 비슷한 수의 활동가와 연구자 들이 함께했다. 큰 대회 형식으로 만들면 인적 교류가 힘들듯해 소규모 워크숍 형태를 고수했다. 서로 어울리고 이야기를 나누며 자연스럽게 관계를 맺어가는 방식이 중요할 것 같았다.

　전체적인 분위기는 활기가 넘쳤다. 보통 한일 시민 간의 만남은 '가해와 피해'의 구도 속에서 조심스럽기 마련이지만 이 워크숍에서는 달랐다. 사회를 변화시키겠다는 문제의식이 분명하고, 각자의 현장에서 치열하게 실천해온 진보적 활동가들이 '평화'를 주제로 모인 신선하고 의미 있는 경험이었다. 일본 참가자들에게도 새로운 자극이 됐고 우리에게도 마찬가지였다. 정말 좋은 친구가 됐다. 그렇게 속리산 워크숍은 한일 간의 '교육운동공동체' 혹은 '교육운동연대'라고 부를 만한 깊이 있는 신뢰와 우정의 토대를 마련한 자리였다. 서로 웃으며 반가워하고 다시 만나길 기대하는 그런 만남이 됐다.

　통역은 내가 맡았다. 당시에는 일본어와 한국어를 자유롭게 하며 통역할 수 있는 사람이 드물었기 때문이다. 지금은 워크숍이 길러낸 뛰어난 젊은 통역가가 많지만 그 시기에는 마땅한 대안이 없었다. 내가 일본어 실력은 부족한 편이었지만, 다행히 기억력은 좋아서 가능했던 것 같다. 상대방의 말을 듣고 우리말로 통째로 자연스럽게 풀어내니 오히려 유창하게 들렸던 듯하다. 지금은 한 문장조차도 기억하기 어려울 만큼 기억력이 흐려졌지만 그 당시에는 그런 방식으로 통역을 도맡아 했다.

## 강제노동 희생자 유골발굴을 기획하다

박사 학위를 마치고 한국으로 돌아온 1991년 가을 무렵이었다. 어느 날, 내가 들려준 홋카이도 아이누 이야기에 흥미를 느낀 방송국 PD가 다큐멘터리를 만들자고 제안했다. 그해 겨울부터 〈조용한 인간의 대지〉 제작에 참여하면서 다시 홋카이도로 향했다. 오가와 선생과 도노히라가 현지 협력자로 참여했다. 덕분에 홋카이도의 아이누 문제, 일본 제국주의와 식민주의 침략사 등 그동안 공부해 온 내용을 다큐멘터리에 충분히 담아낼 수 있었다.

그 맥락 안에는 슈마리나이의 강제노동과 희생자 유골을 바라보는 핵심 사안이 자리 잡고 있다. 아이누의 땅에서 조선인들의 노동력과 일본의 자본, 기술이 결합돼 만들어진 생산물과 결과물을 오늘날 일본 사회가 여전히 누리고 있다는 문제의식을 가져야 한다는 것이다. 이 인식은 '연루implication' 개념과 연결된다. 일본의 젊은 세대는 과거사에 대해 자신들의 책임은 없다고 주장하지만, 과거에 일어난 범죄 행위의 결과물을 당연하게 받아들여 삶의 기반으로 삼아 누리고 있다. 비록 자신들이 의도적으로 범죄를 저지르지 않았더라도 이는 '사후 종범'에 해당될 수 있다. 나는 이런 개념을 바탕으로 젊은 세대가 과거사 문제에 참여하도록 언어화하고 이해시키는 일이 필요하다고 생각했다.

과제를 모리타 선생의 평화교육과 평화운동의 맥락에서 풀어보고자 했다. 1996년 여름, 교토의 도시샤대학교同志社大學에서 평화교육대회가 열렸다. 도시샤대학교는 윤동주 시인이 다녔던 학교고, 캠퍼스에는 윤동주 시비도 있다. 나는 이 대회에 시인 도종환을 강사로 추천했다. 그때 도종환 선생은 전교조 활동으로 해직돼 힘든 시기를 보내고 있었다. 내가 통역을 자처하며 도종환 선생과 함께 일본에 갔다. 도종환 선생은 평화교육대회에서 윤동주 시인에 대해 강연했다. 일본 평화교육자들은 크게 감동받았.

그 평화교육대회를 위해 묵었던 교토의 작은 여관방에서 도노히라, 김광민과 함께 처음으로 홋카이도 슈마리나이 우류댐 건설 강제노동 희생자 유골발굴을 기획했다. 제일 중요하게 생각했던 것은 한국, 일본, 그리고 재일동포 학생들의 참가였다.

## 준비된 사람들

〈조용한 인간의 대지〉 촬영을 위해 도노히라를 다시 만났을 무렵, 일제 강제노동 희생자 유골발굴과 반환을 주도했던 홋카이도 소라치민중사강좌는 운동의 방향을 잃은 상태였다. 구성원들은 미완으로 남은 과제를 어떻게 다시 이어가야 할지 고심했지만 새로운 전망은 찾지 못하고 있었다. 도노히라는 이 문제를 숙제로 안은 채 계속해서 유골발굴의 가능성만 모색하고 있었다.

1994년에 나는 한양대학교 문화인류학과 교수가 됐고 이미 공동육아에도 깊이 관여하고 있었다. 게다가 1995년부터는 남북어린이어깨동무• 일로 바빠, 일본 평화교육 쪽에서 연락이 와도 제대로 응답할 여유조차 없었다. 그런 상황에서 슈마리나이 유골발굴에까지 손을 대는 건, 지금 돌이켜봐도 참 무모한 일이었다.

'이건 미친 짓이 아닐까' 하는 생각이 들었다. 아내 정진경 선생에게 상의했더니 한참을 고민하다가 "당신 같은 인류학자에게 이런 중요한 일이 찾아왔는데 언젠가는 해야 하지 않을까?"라고 했다. 그리고 그때 유능한 학생 자원봉사단도 있었다. 이들과 함께라

---

• 1996년 활동을 시작한 어린이어깨동무는 남북 어린이들이 서로의 문화와 정서를 이해하고 협력할 수 있는 세대로 성장해 평화로운 미래를 함께 만들어갈 수 있도록 평화교육과 국제교류협력, 대북인도지원을 펼치는 어린이 평화운동단체이며, UN경제사회이사회의 협의적 지위를 인정받은 NGO기구다.

면 강제노동 희생자 유골발굴 작업이 가능할 것 같았다. 동시에 학생들에게도 의미 있는 경험이 되리라 기대했다.

1996년, 남북어린이어깨동무운동은 '열음이(통일의 길을 연다는 뜻)'라고 불린 대학생 자원봉사자들과 함께 시작했다. 그해 여름, 유난히 비가 많이 내렸다. 이들과 함께 용산가족공원에서 비를 맞으며 정말 열심히 활동했다. 그 기운으로 단체가 출범할 수 있었다. 이 운동은 아무런 재정적인 기반 없이 젊은이들의 뜨거운 열정만으로 끌고나간 것이었다. 자원봉사 활동에 대한 이들의 태도는 성숙했고 수준도 상당히 높았다. 팀워크도 매우 잘 갖춰져 있었다. 나는 그 열정에 보답하고 싶었다. 열음이들에게 약속했다.

"내년에는 내가 일본 구경시켜줄게. 홋카이도 가자!"

다음 해 여름 홋카이도에 갈 수 있는 1차 자격을 남북어린이어깨동무 자원봉사단으로 정했다.

"너희들은 자격이 있어!"

자원봉사팀 안에는 그들만의 열기와 역동성이 있었다. 거기에 일본에 간다는 기대감까지 더해져서 분위기는 꽤 들떠 있었다. 당시 일본 여행은 대학생들이 꿈꾸기 쉽지 않은 일이었고 더군다나 일정이 열흘이나 된다고 하니 기대가 상당했다. 일정을 열흘로 잡은 건 예전에 미국 학생들과 함께했던 홋카이도 프로그램을 기준으로 삼아 정한 기간이었다. 유골발굴을 준비하기 위해서 슈마리나이를 한두 번 더 방문했다. 현장을 둘러보고 현지 사람들과 회의하면서 준비를 시작했다.

그때의 한국은 지금처럼 소득 수준이 높지 않았다. 일본의 3분의 1도 채 되지 않던 때였다. 그래서 도노히라에게 유골발굴에 참여하는 한국 학생들의 체류 비용을 일본 측에서 맡아달라고 요청했다.

"한국에서 학생들을 데리고 가겠습니다. 왕복 여비는 저희가 부담하겠습니다. 대신 슈마리나이에 도착한 이후의 숙식은 일본에서 책임져주십시오."

그렇게 합의를 본 뒤 발굴을 위한 학생들과 자문 교수단을 꾸리는 본격적인 준비에 들어갔다.

마음 한편에서는 이런 생각이 끊임없이 맴돌았다.

"어떻게든 유골발굴을 다시 시작해야 한다. 하지만 예전 소라치민중사강좌 방식 그대로는 더 이상 안 된다."

강제노동 희생자 유골을 체계적으로 전문가와 함께 조사하고 기록하는 방식은 이미 오래전부터 고민해오던 일이었다. 단순한 발굴을 넘어 역사적 사실을 복원하고 진실을 기억하는 방식이어야 했다. 이런 구상은 도노히라에게도 이미 이야기했었다.

전에 내가 충북대학교 박물관에 잠시 몸담고 있을 때 박선주 교수를 만났다. 박 교수는 미국 버클리대학교에서 체질인류학을 전공했고, 당시에는 '홍수아이'라는 선사시대 유골을 연구하고 있었다. 연구실에서 유골을 하나하나 이어 붙이며 복원하는 모습을 보고 슈마리나이 유골발굴에 실질적으로 참여할 수 있는 사람이 바로 박 교수라는 확신이 들었다. 그래서 유골발굴 작업에 함께해달라고 정식으로 요청했다. 그리고 한양대학교 문화인류학과 고고학팀에 전문 발굴 훈련을 받은 학생들도 있었다.

### 한일 유골발굴 실행 위원회를 꾸리다

당시만 해도 일본에서 모금 운동을 하면 발굴에 필요한 경비를 마련할 수 있을 것 같아 발굴 준비를 위한 실행 위원회를 만들기로 했다. 나는 일정한 조건을 걸었고 그것을 흔쾌히 받아들인 이가 바로 도노히라였다. 그런데 도노히라가 다시 일본식으로 '누구를 모시고 위에서부터 의논하고 허락받는 식'으로 하려고 했다. 나는 그 자리에서 "그렇게 할 거면 나는 안 하겠다"고 말했다.

"당신하고 나하고, 우리 둘이 이야기하고 결정하면 그걸로 끝내야 합니다."

일본식으로 위에서 내려왔다 다시 올라가고, 미리 담합하는 '네마와시根回し, ねまわし'라고 불리는 사전 조율을 거치는 일은 하지 않겠다는 뜻을 밝혔다. "당신하고 나, 둘이 공동 대표로 하자!"고 했더니 도노히라는 "일본에서 그런 방식은 좀……"이라고 머뭇거렸다. 나는 "일본식으로 할 거면 나는 할 수 없다"고 강하게 말했다.

결국 '비교적 젊은' 공동 대표 체제로 가기로 했다. 여러 어른, 저명인사 들과 함께 유골발굴을 하면서 그분들을 모두 '고문' 자격으로 모셨다. 의도적으로 상의해서 결정하는 구조를 만들지 않은 것이다. 그렇지 않고서 일본 사회에서는 새로운 일이 실현되기 어려웠다. 지금 한국도 마찬가지다. 누가 결정권을 갖고 있는지도 불분명하고, 이 사람이 해야 하는 건지 저 사람이 맡아야 하는 건지도 알 수 없다. 회의는 누가 소집하고 회의에서 무엇을 어디까지 결정하는지조차 명확하지 않다. 이런 식으로는 새로운 일을 만들어낼 수가 없다.

그 무렵 나는 이미 일본 문화에 대해 다양한 경험을 쌓은 상태였고 동시에 미국 학생들과 함께 홋카이도에서 열흘 동안의 현장 연구를 몇 차례 진행한 바 있었다. 학생들을 데리고 현지 조사를 수행하는 일에 어느 정도 익숙해져 있었고 또 한양대학교 문화인류학과에서 매년 봄가을로 제법 규모 있게 현지 조사를 진행했다. 기본적으로 워크숍, 합숙, 답사 등 현장 기반 프로그램을 기획하고 운영하는 데에는 충분히 자신 있었다.

1997년 당시, 일본 측에 그런 기획을 추진력 있게 함께 이끌어갈 수 있는 인물이 있다면 한 번 유골발굴을 시도해볼 만하다고 생각하고 있었는데, 도노히라가 바로 그런 사람이었다. 정말 지금도 찾기 어려운, 일본 내에서 보기 드문 카운터 파트다. 그 정도의 주도성과 실행력을 갖춘 인물은 일본 사회에서 여전히 찾기 어렵다. 도노히라는 1997년 유골발굴을 계기로 일본 시민운동 안에서 명실상부한 대표성을 갖춘 카리스마 있는 리더로 자리매김했다.

일제 강제노동 희생자 유골발굴 프로젝트는 1997년 7월부터 양국의 전문가, 대학생, 자원봉사자가 참여하는 '한일대학생공동워크숍'으로 시작됐다. 가해자와 피해자의 입장으로 역사적으로 '연루'된 한국과 일본의 젊은이들이 함께 참여하는 유골발굴 작업은 결과를 예측하기 어려운 도전적 과제였다. 엄중한 역사적 희생 사실을 마주하면서 서로의 입장 차이와 상대방 문화에 대한 편견과 고정관념을 어떻게 이해하고 화해할 수 있을지(또는 충돌할지) 염려되는 점이 많았다. 한국과 일본의 젊은이들은 매 순간 역사의 무게를 느끼며 강행되는 고된 발굴 작업 속에서도 새로운 만남의 흥분과 진지한 토론의 열기를 통해 우정을 쌓아갔다. '한국인', '일본인'이라는 서로에 대한 집단적 이미지와 고정관념을 넘어서 고유명사를 가진 개인으로서의 만남과 이해가 시작된 것이다.

_〈기억과 추모의 공공인류학〉 중에서

3장 역사적으로
'연루'된 이들

처음으로 유골을 만나다

## 유골발굴 프로젝트에 전환점이 된 인터뷰

한국 발굴팀이 슈마리나이에 도착한 이후의 모든 비용은 일본 측 실행 위원회에서 부담하기로 했지만 쉽지 않았다. 막막했던 후원금 조성에 전환점이 된 것은 내가 홋카이도신문 서울지국 기자와 한 인터뷰였다.

"슈마리나이에서 강제노동 희생자의 유골을 발굴하기 위해 한국과 일본의 학생, 유골발굴 전문가, 인류학자가 함께하고, DNA 검사도 진행한다."

기사를 계기로 후원금이 상당히 모였다. 도노히라도 이렇게 폭발적인 후원을 받을 줄은 전혀 예상하지 못했다고 했다. 막상 시작하고 나니 후원금을 실제로 집행할 수 있는 기반과 능력이 있었다. 홋카이도에 뿌리내린 소라치민중사강좌와 불교계의 오랜 전통, 지역 주민들의 탄탄한 연대가 큰 힘이 됐다. 게다가 평화교육에 힘써온 지역 교사들과 실천가들 역시 유골발굴에 함께했다.

처음에는 과연 일본의 학생과 젊은이 들이 강제노동 희생자 유골발굴에 얼마나 관심을 보일까 하는 걱정이 앞섰다. 하지만 작은 칼럼 기사 하나에 젊은이들이 하나둘 연락을 해왔다. 점차 발굴 작업에 대한 주목도가 높아졌다. 홋카이도 지역 언론의 관심은 말할 것도 없고 전국 단위의 일본 주요 언론도 주목했다. 그만큼 이 작업은 전례 없는 시도였고 일본 사회에서도 획기적인 사건으로 받아들여졌다. 일본 내에서 유골발굴 자체는 있었지만 강제노동 희생자의 유골을 한국과 일본이 공동으로, 그것도 학문적 기반 위에 시민들이 함께 자발적으로 기획하고 실행하는 방식은 처음이었기 때문이다. 이 같은 큰 흐름에 신호탄을 쏘아올린 것은 짧은 인터뷰 기사였다. 작은 칼럼 하나에 불과했지만 파급력은 상당히 컸다.

일본에서 전국적으로 관심이 확산되면서 주요 언론에서도 대대적으로 보도를 시작했다. 반면, 한국 언론의 반응은 미미했다. 결정적으로 KBS 〈조용한 인간의 대지〉 제작팀이 유골발굴에 직접 참여하지 못하게 됐다. 당시 한국은 '일본' 하면 대부분 도쿄만을 떠올릴 때였다. 지금도 크게 다르지 않겠지만 오사카조차 낯설어하고 홋카이도는 거의 인식 밖이었다. 한국 언론은 중앙 집중성이 워낙 강하다 보니 일본 지방에서 벌어지는 시민운동에는 관심이 없었다. 슈마리나이 유골발굴 이야기를 꺼내면 "우리가 홋카이도까지 어떻게 갑니까?"라는 반응이 돌아오곤 했다. 홋카이도에서 무언가 한다고 하면 "일본 촌에서 뭘 하나 보다" 정도로 받아들였다. 그만큼 깊이 있는 취재나 반응은 없었다. 거의 무관심에 가까웠다.

한일 실행 위원회는 백여 명이 넘는 사람이 열흘간 머물 수 있는 캠프촌을 조성해야 했다. 특히 "목욕은 어떻게 할 것인가?", "잠은 어디서 자는가?"와 같은 기본적인 생활은 일본 측에게 매우 중요한 문제로 인식됐다. 이에 한국 측에서는 "개천에서 씻으면 되지"라거나 "비닐하우스를 만들어서 자면 된다"는 식의 즉흥적이고 실용적인 제안을 내놓았다. 이런 발상은 현실적 대안이 될 수 있었으나 일본식 사고방식에서는 쉽게 받아들여지지 않았고 상상하기 어려운 일이었다.

일본에서는 이전에 시도해본 적 없는 방식은 실현 불가능하다고 여기는 경향이 강하다. 그럼에도 불구하고 도노히라가 있었기 때문에 가능했다. 물론 도노히라 혼자서 할 수 있었던 일은 아니었다. 우리는 그동안 여러 차례의 평화교육워크숍을 통해 탄탄한 네트워크를 형성해왔다. 도노히라와 그 동지들, 그리고 한국의 활동가들은 긴밀하게 연결되어 있었다. 그래서 어떤 제안을 하면 서로 "쟤들이 하자 그러면 되는 일인가 보다"라는 신뢰가 있었고, 동시에 "이건 우리가 맡아야 할 일이다"라는 책임감도 있었다.

실제로 그렇게 비닐하우스를 설치했다. 맥주 상자를 뒤집어 그 위에 나무 합판을 올려 간이침대를 만들고 비닐하우스에 넣어 숙소로 사용했다. 실행 위원회는 현장의 여러 문제도 이런 식으로 해결했다. 구조나 방식은 내가 어릴 적 보이 스카우트, 특히 잼버리에서 본부와 야영장을 구성했던 것과 비슷했다. 그런 경험을 바탕으로 전체적인 아이디어는 내가 많이 제시했다. 그러나 "이렇게 하자"고 제안했을 때 그것을 함께 실행할 수 있는 일본인은 드물었다. 바로 그 점에서 일본 측 실행 위원회의 역할이 빛났다. 양측의 상호작용이 잘 이뤄졌고 그런 상승 작용 덕분에 1997년 강제노동 희생자 유골발굴 프로젝트가 가능했다.

### 국적은 제각각, 마음은 한 뜻

실행 위원회 내에서도 "정말 일본 학생들이 이런 유골발굴 프로그램에 올까?" 하는 의구심이 있었는데 예상과 달리 참여가 이어져 다들 놀랐다. 그렇다고 해서 일본 학생들이 특별히 역사 문제에 관심이 있던 것은 아니었다. 대부분은 한국 학생들과의 만남 자체에 흥미를 느꼈고 비교적 가벼운 마음으로 참석한 이가 많았다.

참가 동기도 다양했다. 대학교에서 추천을 받거나 지인을 통해 소식을 접한 경우도 있었다. "여름에 시원한 홋카이도에서 한일 학생 교류 비슷한 걸 한다더라"는 이야기를 듣고 온 이들도 있었고, 신문 기사를 보고 '특별한 경험이 될 수 있겠다'고 생각한 학생들도 물론 있었다. 일본 시민단체에서는 새로운 일이 벌어지는 것 같다고 판단해서 자발적으로 참가한 이들도 있었고, 재일본조선인총연합회(총련) 소속 활동가 몇 명도 호기심을 갖고 현장을 찾아왔다.

막상 시작하고 보니 규모가 꽤 컸다. 전체적으로 백 명이 훌쩍 넘는 사람이 모였다. 한국에서는 학생이 약 30명, 교수와 자문위원이 10명 남짓해서 전체적으로 40명 정도가 참여했다. 일본 쪽에서는 연인원延人員으로 보면 200명 가까이 다녀갔고, 풀타임으로 참여한 인원만 백 명이 넘었다. 행사 기간도 길었고 일본에서는 언론 보도도 꾸준히 나갔다. "한국 팀 도착", "유골발굴이 시작됐다" 같은 소식이 연일 전해지면서 중간중간 새로운 참가자들이 계속 들어왔다. 다큐멘터리나 뉴스 꼭지로도 방송이 여러 차례 나간 영향도 컸다. 결국 SBS, KBS 도쿄 지국 특파원까지 왔는데 그들도 "이렇게 깊숙한 현장까지 들어온 건 처음"이라며 놀라워했다. 그렇게 예상치 못한 일들이 슈마리나이에서 벌어지기 시작했다.

모리타 선생, 강만길 선생, 서승 선생이 강사로 참여했다. 모두 지난 활동을 통해 맺은 인연으로 초청됐고 강사비도 받지 않고 자발적으로 함께해줬다. 오사카에서 김광민과 부인 변미양을 비롯해, 재일동포 민족교육운동을 하는 활동가들이 참석했다. 총련 쪽 인사들도 일부 참여했는데 지금도 기억에 남는 인물이 손대용 선생이다. 손 선생은 1970년대 총련과 일본 시민 사회가 공동으로 조직한 '조선인강제연행진상조사단'에서 활동했는데 개인 자격으로 찾아왔다. 지금도 그렇지만 그때는 총련 사람과 만난다는 것에 대한 막연한 두려움이 더 컸다. "이분을 어떻게 대해야 하나?" 하며 조심스러운 분위기였다. 일본 실행 위원회도 한국 참가자들 때문에 걱정을 많이 했다. 일본에서 열리는 행사였고 개인 자격으로 참석하는 사람을 막을 수는 없었다. 그런데 막상 만나 보니 그분의 태도나 인품이 정말 훌륭했다.

손 선생은 현장에서 한국 학생들과의 만남에 푹 빠진 듯했다. 이른 아침마다 징을 들고 숙소를 돌며 학생들을 깨워 발굴 현장으로 보내는 일을 도맡아 했다. 숙소에서 현장까지 트럭을 타고 이동해야 했는데 그런 역할은 일본 측 실행 위원회 어른이 직접 나서기 어려운 일이었다. 그에 비해 손 선생은 말 그대로 현장 활동의 베테랑이었다. 우리말과 일본어를 거침없이 하며 현장 분위기를 이끄는 데 능숙했다. "빨리빨리 일어나라! 뭐 하나, 일어나!" 하며 징을 울리고 "인차 가라! 얼른 가라!" 하고 학생들을 트럭으로 이끄는 모습은 완전히 현장 소장이나 다름없었다. 그분 입장이 그런 역할을 제일 거침없이 할 수 있는 위치였다. 그러다 보니 실행 위원회도 젊은 자치 위원들에게 직접 지시하거나 요청하기보다는 현장 관리나 작업 관련 전달은 손 선생을 통해 부탁하곤 했다.

유골발굴은 박선주 교수가 총괄했다. 충북대학교에서 뼈를 다뤄본 경험이 있는 대학원생 두세 명과 함께 왔다. 현장에서 뼈가 발견되면 주로 대학원생들이 투입돼 작업을 맡았다. 전체 기획은 박 교수가, 실행은 대학원생과 학부 학생 들을 중심으로 진행됐다.

기억에 남는 참가자들이 몇 있다. 그중 한 명이 조현수다. 그는 1997년 워크숍 당시 구성된 자치 위원회에서 재일동포 대표를 맡았다. 조선학교 출신이라 우리말이 능숙했고 사회성과 리더십 모두 뛰어났다. 조선장학회에서 일하던 김정희도 함께했다. 그 외에도 예상을 뛰어넘는 다양한 인물이 참여했다.

재일동포 참가자들의 구성만 봐도 매우 폭넓었다. 재일본대한민국민단(민단) 계열 사람부터 총련계, 일본 국적의 재일동포, 그리고 '조선적無國籍'•까지 스펙트럼이 넓었다. 일본 측 참가자들도 마찬가지였다. 강제노동 희생자 유골발굴 프로그램의 성격을 제대로 알지 못한 채 단순히 특별한 경험을 기대하고 온 학생들, 대학에서 추천받아 참여한 학생들, 아이누 출신의 오가와 모토이小川基까지 함께했다. 이처럼 국적, 배경, 동기와 관심이 제각각인 사람들이 한자리에 모였다는 사실만으로도 큰 의미가 있었고 그 다양성에서 더 큰 시너지가 생겨났다.

---

• '조선적'은 1910년 8월 22일부터 1945년 8월 15일까지 일본 제국의 외지(해외 영토)였던 '지명으로서의 조선'을 의미한다. 즉, 일본의 '특별영주자' 증명서에 '조선'이라고 쓰여 있는 것은 '국가'가 아닌 '출신 지역'을 의미하는 것이며, '조선적'이 '북조선(북한)' 국적을 뜻하는 것이 아니다. 2022년 6월 기준 일본에는 대한민국 국적(약 41만 명)과 조선적(약 3만 명)을 가진 사람 약 44만 명이 살고 있다.

## 학생 자치 위원회를 만들다

첫날에는 내가 통역을 맡았다. 대부분의 상황에서 나와 김광민이 통역을 했고 이후에는 조현수가 맡았다. 처음 자기소개가 오가는 자리에서 상황을 보니 학생들의 시선이 모두 나와 도노히라에게 쏠려 있었다. 그렇게 되면 생활 전반에 대한 불만이나 요구가 자연스럽게 우리 둘에게 집중될 수밖에 없었다. 그래서 학생 자치 위원회를 만들기로 했다. 둘째 날에 자치 위원회 구성을 시작했고 각 그룹에서 대표를 선출했다. 김광민과 조현수, 도노히라 마코토殿平真, 그리고 한국 측에서는 김영환이 대표로 뽑혔다.

김영환은 너무나 밝은 성격으로 일본 사람이 "이름이 뭐냐?" 그러면 "아, 히데마루英丸데스!"라고 했다. 우리 세대는 일본말에 대한 거부 반응이 있다. 근데 어렵게 본명 선언하고 우리말 지키겠다고 그러는 재일동포 앞에서도 영환이는 "아! 히데마루데스!" 하고 다녔다. 풀 죽어 있던 일본 친구들이 이런 캐릭터를 만나자 기가 확 펴지고 기분이 좋아지는 게 보였다. 한국팀 안에 전부 엄숙주의만 있었으면 분위기가 안 풀렸을 텐데 김영환 같은 친구들이 큰 도움이 됐다. 그는 지금 한일 시민운동의 가교 역할을 한다.

도노히라 마코토는 도노히라의 아들이다. 초등학교 5학년 때부터 나를 아저씨라고 불렀는데, 1997년에는 불교대학에서 핵심 엘리트가 되어 있었다. 교토에서 너무나 중요한 종단 일에 참여해야 해서 워크숍에 못 온다기에 내가 전화를 걸어 "잔소리하지 말고 와!" 했더니 하루 늦게라도 왔다. 지금은 시골 작은 절의 주지이자 어린이집 원장으로 살며 탈핵운동도 한다. 후쿠시마 원전 사고가 났을 때 불교 구호단체 총본부장을 했는데, 후쿠시마에서 원전 피폭된 아이들을 데려다가 홋카이도 절에서 재활시키는 일도 했다.

자치 위원회를 구성하는 일은 일본 측 실행 위원회에게는 낯선 경험이었다. 참가자들은 자치 위원회를 통해 생활 전반에서 마주하는 다양한 문제를 스스로 논의하고 조율하며 해결해갔다. 그 구상은 보이 스카우트, 현장 연구, 미국에서의 학생 캠프 등에서 쌓은 경험에서 비롯된 것이었다.

자치 위원회 운영은 매우 효과적이었다. 발굴팀을 구성할 때도 국적이나 성별에 따라 그룹이 나뉘지 않도록 한국, 일본, 재일동포 학생을 섞어서 구성했다. 일본 참가자들 중에는 발굴 작업은 남성의 몫이고 가사나 지원 업무는 여성의 몫이라는 고정관념을 가진 이들도 있었지만, 그런 구분 없이 여학생들도 똑같이 삽을 들고 현장에 나갔다. 모두가 동등하게 참여하는 방식이었다.

발굴조 편성 시에는 가능한 한 원활한 소통을 위해 팀마다 재일동포 참가자들을 배치했다. 물론 재일동포라고 해서 모두 통역이 가능한 것은 아니었다. 그런 상황에서는 조선학교 출신 참가자들이 자연스럽게 통역을 맡았고 그들의 언어 능력과 존재감이 빛을 발했다. '한국인', '일본인'이라는 서로에 대한 집단적 이미지와 고

정관념을 넘어서 고유명사를 가진 개인으로서의 만남과 이해가 시작된 것이다. 한국과 일본, 그 국경과 국민 정체성을 당연시하던 참가자들은 '자이니치(在日, 재일)'란 새로운 존재를 통해 국민과 국가의 틀을 넘나드는 현실을 보게 됐다.

　한국에서 온 학생들에게는 그동안 막연히 '위험한 존재'로만 알고 있던 총련 계열 재일 청년들과 직접 마주한 경험이 특별한 감동으로 다가왔던 것 같다. 그들이 역사 속에서 어떤 의미를 지닌 존재인지, 그리고 지금도 일본 사회에서 자신의 정체성을 지키기 위해 어떻게 애쓰고 있는지를 알게 되면서 그 만남이 한국의 젊은이들에게는 단순한 교류를 넘어 깊은 울림으로 자리 잡았다.

　재일동포들이 한국 사람들과 만나기 어려울 뿐만 아니라, 의외로 일본인들과도 어울려 살아본 경험이 적다는 이야기를 들었을 때는 나도 적잖이 놀랐다. 재일동포 사회가 오랫동안 고립돼 있었다는 현실을 새삼 깨달았다. 일본 젊은이들도 마찬가지였다. 재일동포들이 일본 사회에서 자신의 존재를 드러내지 않고 살아왔기 때문에 많은 일본 학생은 재일동포를 만나본 적이 거의 없었다. 한국인을 처음 만나는 경우도 많았다. 유골발굴 현장은 서로 다른 국적과 배경의 젊은이들이 처음 만났다는 점에서 큰 감동이 있었으며 그 울림은 매우 깊었다.

## 홋카이도 주민들의 인심

유골발굴을 위한 생활과 식사 지원에는 상상을 훨씬 뛰어넘는 정성이 담겨 있었다. 일본 시민단체 분들과 특히 도노히라 절의 불교 부인회 어르신들이 매일 손수 음식을 준비해주셨는데 그 정성에 깊이 감동했다. 저녁 식사는 마치 연일 이어지는 잔치 같아서 일본 학생들조차 "이렇게까지 대접받아본 적이 없다"며 감탄했다. 불고기가 나오고 통째로 구운 큼지막한 연어가 등장하는가 하며 손이 많이 가는 반찬들이 매일 다양하게 바뀌어 나왔다. 홋카이도 할머니들은 "장한 일 하는 학생들을 제대로 먹이겠다"고 최고의 음식을 정성껏 마련하셨다. 따뜻한 마음과 깊은 정성이 음식 곳곳에 배어 있어, 그 노고에 모두가 진심으로 고마움을 느꼈다.

발굴 작업이 끝나면 밤새워 먹고 마실 술과 간식도 있었다. 든든한 후원 덕분이었다. 한국에서 출발하기 전에 박성봉 선생을 통해 보해 소주를 협찬받았는데 "가져갈 수 있는 만큼 가져가라"는 말에 종이팩에 든 소주를 잔뜩 챙겼다. 보해 소주는 홋카이도의 닛카 위스키ニッカウイスキー와 자매결연을 맺었는데 그 인연 덕분에 닛카 위스키에서도 위스키를 보내줬다. 공동육아 이사이자 해송야간학교 때 함께 활동했던 오세천 선생은 농심 라면을 한가득 보내줬다.

유골발굴팀이 열흘 동안 마시고도 남을 만큼 넉넉한 한국 소주와 일본 위스키가 있었다. 밤참으로 언제든 끓여 먹을 수 있는

라면도 상자째 준비돼 있었다. 일본 학생들은 밤마다 끓여 먹은 한국 라면에 푹 빠져버렸다. 홋카이도 특유의 넉넉한 인심과 물질적 풍족함, 그리고 지역 할머니들의 정성스러운 음식이 더해지면서 일본 본토에서 온 이들까지 깊은 감동을 받았다.

한국에서 온 무당도 함께했다. 전라도 순천에서 일본까지 자비를 들여서 왔는데, 젓갈과 반찬을 한가득 챙겨 왔다. 모두 자기 돈을 들여 물품을 준비해오고 자연스럽게 현장을 협찬하는 분위기였다. 그런 자발성과 마음씀씀이 덕분에 현장 분위기도 한결 따뜻하게 풀려갔다.

숙소는 열악했고 작업 환경도 만만치 않았지만, 사람들과의 만남이 좋았고 음식에 담긴 정성과 풍요로움이 인상 깊었다. 한편, 일본 매체의 카메라는 곳곳에서 분주히 움직이면서 현장 소식을 매일같이 전했다. 분위기는 순식간에 고조됐다. 1997년 그 여름, 발굴 현장의 열기는 말로 다 할 수 없을 만큼 뜨거워지기 시작했다.

## 만나도 될 만큼은 공부해야 한다

유골발굴을 준비하면서 가장 고민했던 것은 발굴 현장이 역사적인 기억으로 겹겹이 쌓인 공간이라는 점이었다. 가해와 피해의 서사가 교차하고, 실제로 유골이 출토되는 그런 자리를 양국의 젊은이들이 마주하게 된다면 격앙된 감정이 충돌로 번질 가능성은 결코 적지 않았다.

지금도 또렷이 기억나는 장면이 있다. 당시 한양대학교 신입생이 학과 오리엔테이션에서 자기소개를 하며 이렇게 말했다.

"나는 쪽바리 싫어합니다. 내 앞에서 일본 좋다고 떠드는 사람이 있으면 가만 안 둡니다."

그때는 신입생이 그 말을 당당하게 할 수 있는 분위기였다. 그런 학생들을 데리고 일본에 가야 했다. 더군다나 유골이 나오는 역사 현장에 일본 학생들과 시민들이 함께한다면 그 충격을 어떤 방식으로 표현할지, 어떤 파장을 일으킬지 우려가 컸다. 그 학생도 발굴에 참가했고 이후 일본으로 가서 방송 기자가 됐다. 그리고 일본 여성과 결혼해 일본에서 살고 있다. 인생은 정말 예측할 수 없는 방향으로 흘러간다.

우리는 일본에 대해 근거 없는 우월감을 가지는 한편, 깊은 피해의식과 열등감을 동시에 품고 있다. 이 감정들은 얽히고설켜 때로는 자부심과 분노로 때로는 혐오와 증오로 표출되곤 한다. 한국 내에서 진보적이거나 사회 문제에 관심 많은 사람이 일본 사람을 만나면 "너희들은 우리에게 죄를 지은 놈들이니까"라는 전제를 바탕으로 공격적인 언사를 던지는 일이 종종 있었다. 피해자라는 도덕적 우위에 서서 상대를 꾸짖고 가르치려는 분위기가 강했다. 그런 상황에서 일본 참가자들은 하나같이 움츠러들고 조용해졌다.

나는 한일 간의 다양한 만남의 자리를 지켜보며 과연 이를 어떻게 만들어가야 할지 깊이 고민했다. 그 과정에서 관련 학자, 활동가 들과 함께 한국과 일본 사이의 문화적 오해와 상호인식 문제를 어떻게 넘어설 수 있을지 자주 논의했다. 내가 일본 문화를 본격적으로 공부하기로 결심한 이유도 결국 인류학자로서의 도전 때문이었다. 일본을 문화적 편견 없이 이해하는 일은 가장 어려운 과제 중 하나였다. 내가 직접 겪었던 일본에 대한 경험과 복합적인 감정을, 학생들이 실제로 일본 사람들을 만나기 전에 어떻게든 미리 체감하고 이해하도록 하는 것이 일본문화론 수업의 목표였다.

그냥 슈마리나이에 가서는 안 되며 '만나도 될 만큼은 공부해야 한다'고 생각했고, 그 과정을 압축해 담은 것이 바로 슈마리나이 유골발굴에 앞서 진행한 '사전 워크숍'이었다. 학생들에게 일본 문화 이해를 위한 수업을 몇 차례 했고 현장 연구 연습도 했다. 이후 조를 나눠 일본 문화를 주제로 과제를 정해주고 해당 주제를 더 깊이 탐구하도록 했다. 조별 과제는 일본의 생활 방식이나 가치관, 행동 양식, 음식 문화 등 다양한 분야로 나눠 접근했다.

나는 학생들에게 일본 문화에 대한 문화상대주의적 태도를 강조했다.

"우리는 지금부터 현장 연구를 하러 가는 거다. 인류학자가 하듯이, 현장 연구자로서 너의 가치 판단을 유보하고, 편견을 내려놓고, 일단 상대를 이해하려고 해봐라. 옳고 그름을 따지려 들기보다 먼저 귀 기울이는 게 중요하다."

내가 하고 싶었던 말은 "현장 연구하러 간다고 생각하세요!"였다. 자세 전환을 강조한 것이다. 그런 의미에서 사전 준비를 많이 한다는 건 일본 문화를 미리 공부하라는 뜻이라기보다는 태도와 관점을 바꾸라는 얘기에 더 가까웠다.

### 현장에서 터진 '앙케트' 갈등

유골발굴을 시작한 지 사흘쯤 됐을 무렵, 한국과 일본 학생들은 눈에 띄게 친밀해졌다. 더운 날씨에 함께 땅을 파고 고생을 나누면서 자연스레 가까워졌다. 하루는 발굴 작업이 끝난 저녁에 한국 학생들이 준비한 설문지가 일본 학생들에게 배포됐다. 항목 중에는 "일본 사람들은 겉과 속이 다르다고들 하는데, 이에 대해 어떻게 생각하십니까?"와 같은 질문이 포함돼 있었다. 설문 조사라는 명목의 질문에 일본에 대한 한국인의 편견이 담겨 있었다. 설문지를 받아든 일본 학생들의 표정은 즉시 굳었고 현장 분위기도 싸늘하게 가라앉았다.

나는 학생들이 어느 정도 준비가 됐다고 생각했지만, 역시 공부란 그렇게 간단히 되는 게 아니었다. 착실한 모범생들이 현장에서 사용할 '앙케트(설문 조사)'를 만들었는데 그 일이 하나의 사건이 됐다. 사전 워크숍에서 과거사 문제, 특히 일본의 젊은 세대가 역사 문제를 어떻게 인식하고 있는지에 관심이 많은 팀이 있었는데, 알고 보니 설문지를 그 조에서 준비한 것이다.

설문을 준비한 학생들은 전여옥의 《일본은 없다》와 같은 일본 문화에 대한 편견이 가득한 책을 참고 자료로 삼아 사전 학습을 했고 그 관점을 바탕으로 문항을 구성했다. 만약 이 과정에 일본 문화에 대한 기본적인 감수성을 가진 이가 관여했다면 그렇게 노골적이고 공격적인 문항이 그대로 전달되는 일은 없었을 것이다. 하지만 검토 없이 번역된 설문지가 일본 학생들에게 고스란히 전달되면서 상황은 복잡하게 전개됐다.

"우리가 가까워졌다고 생각했는데, 너희는 우리를 그렇게 보고 있었구나."

일본 학생들의 낯빛에는 실망과 당혹감이 역력했고 대화는 뚝 끊어졌다. 그 여파는 곧장 한국 학생들에게도 전해졌다. 여기저기서 웅성거림이 이어졌으며 장내는 금세 어색한 침묵으로 가라앉았다. 나는 직감했다.

'이 상황을 무마하거나 덮으려 한다면 도리어 더 큰 혼란을 불러올 수 있다. 이건 피해서는 안 된다. 정면 승부다.'

그렇게 판단한 후 NHK와 홋카이도 방송의 카메라가 모두 돌아가고 있는 가운데 사태를 숨기지 않고 드러내기로 했다. 모든 것을 있는 그대로 열어놓고 마주하기로 했다.

일본 학생들은 '강제노동 희생자 유골발굴'이라는 역사 현장에서 느껴지는 무게에 짓눌려 있다가 "어? 우리가 이렇게까지 눌려야 하나?" 하는 마음이 폭발하기 시작했다. 감정이 한 번 터지자 억울함과 답답함이 뒤섞여 복합적으로 분출됐다. 마음속 깊이 눌려 있던 감정들이 예상치 못한 순간에 격하게 쏟아져나왔다.

"우리는 도대체 언제까지, 얼마나, 몇 번이나 사과해야 하는 거냐?"

"이런 식의 설문은 애초에 답이 정해져 있는 것 아니냐?"

"우리에게 어떤 답을 기대하는지 뻔히 보이는데 왜 우리가 여기에 응해야 하냐?"

"왜 한국 사람들은 그렇게 오래전에, 우리는 알지도 못하는 과거에 있었던 일로 지금까지 일본 사람들에게 원한을 갖고 있냐? 풀지도 못하고."

"한국 친구들과 잘 지내고 싶지만 '너는 좋은데 일본인이라는 집단은 싫다'는 말을 들으면 마음이 복잡하다. 나는 일본이라는 집단에 속해 있는데 개인만 좋다는 말이 대체 무슨 의미냐?"

결국 그들이 하고자 하는 이야기는 이랬다.

"너희는 집단으로 우리를 매도하고 적대시하고 있는 거 아니냐?"

일본 학생들이 격한 반응을 보이자 재일동포 김광민이 말했다.

"야. 버스에서 발 밟힌 사람이 아프다고 그러는 거지, 밟은 사람이 '왜 아프냐'고 따지는 게 말이 되냐."

정명희는 "우리가 하고 싶었던 이야기는 한국 사회에 이런 편견이 있는데 그것에 대해 여러분들은 어떻게 생각하는지 묻고 싶었던 거다. 그게 우리 생각은 아니다"라고 강조했다. 서로 다른 생각과 의견을 주고받는 모습이 카메라에 고스란히 잡혔다.

그러던 중 갑자기 한 학생이 눈물을 쏟으며 말했다.

"우리가 그렇게 친했는데 하루아침에 이런 일로 사이가 이렇게까지 될 줄은 몰랐어요……."

그 말에 분위기가 바뀌기 시작했다. 다들 성인이지만 여전히 학생이었고 감정에 솔직한 젊은이들이었다. '아, 우리 사이가 정말 가까웠는데 쟤가 저렇게 상처받았구나' 하는 생각이 마음을 움직이기 시작했다. "실수한 건 맞지만 그런 의도는 아니었다"는 식의 말들이 오갔다. "우리가 쌓은 우정을 상하게 하고 싶지 않다"는 마음에서 우러나오는 솔직한 대화도 오갔다. 결국에는 밤새 어울리며 감정의 매듭을 풀어냈다. 그리고 다음 날, 첫 유골이 나왔다.

## 첫 번째 유골이 출토된 날

첫 번째 유골이 출토됐다. 유골발굴을 시작한 지 나흘째 되는 날이었다. 영하 42도를 기록한 적이 있는 혹한의 땅에 세운 슈마리나이 우류댐 공사 현장에서 희생된 사람들의 유골을 찾는 고고학적 발굴 작업은 지표면부터 측량과 기록을 해가며 삽과 손도구로 한 층씩 흙을 파들어가는 지난한 작업이었다. 변색된 흙의 흔적으로 당시의 삽 자국, 발자국의 모양까지 선명하게 드러났다.

계속되는 비에 진흙탕이 되어버린 발굴 현장에서 악전고투한 끝에 처음으로 네 구의 유골을 발굴했다. 참혹한 주검이었다. 좁고 야트막한 구덩이 속에 관도 없이 쪼그린 자세로 꺾여 들어가 있는 주검. 두개골 파열의 흔적이 역력한 주검. 나무뿌리에 뒤엉킨 채 지나간 세월 속에 삭아버린 뼈마디를 보면서 이런 작업이 10년 전에만 이뤄졌어도 더욱 확실한 사실 규명이 가능했으리라는 아쉬움과 아픔을 느꼈다.

참혹한 유골이 발굴되는 순간 함께 작업하던 젊은이들 사이에 일순 긴장감이 돌았다. 가해자의 자손, 피해자의 자손, 그리고 아직도 그 차별의 역사를 현실로 안고 사는 재일동포와 조선인 자손들은 스스로의 손으로 확인한 역사적 사실 앞에 전율하고 함께 눈물을 흘렸다. 유골발굴 작업의 전 과정을 동행 취재한 홋카이도TV 기자는 이 작업을 〈할아버지를 파다ハラボジを掘る〉라는 제목의 다큐멘터리로 기록했다. 이미 반세기가 지나버렸지만 손자뻘 되는 양국의 젊은이들을 강제노동 희생 현장에 불러 모아 그들의 손으로 증거를 확인하게 하고, 함께 확인한 진실을 토대로 새로운 미래를 다져가게 하는 역사의 힘을 그린 것이다.

　　당시 각 발굴팀은 국적, 소속, 배경 등을 구분하지 않고 섞여 있었는데 유골이 출토되자 팀 간 묘한 경쟁심이 생겨났다. "우리는 왜 안 나오는 거지?"라며 은근히 서로를 의식하기 시작한 것이다. 작업 시간이 끝났다고 알려줘도 "우리는 좀 더 하겠다"며 손에서 도구를 놓지 않는 팀도 있었다. 그렇게 점차 각 팀마다 고유한 정체성이 형성됐고 낮의 작업뿐만 아니라 저녁 시간에도 팀 단위로 어울리는 모습이 자연스러워 보일 정도였다. 그 안에는 한국, 일본, 재일동포 참가자가 모두 어우러져 있었다. 그렇게 국적과 경계를 넘나드는 열기 속에서 유골발굴과 추모 의례가 계속됐다.

　　발굴 현장에서 간단한 추도 의식을 가진 후, 다양한 종교 의례와 예술 공연으로 위령제를 지냈다. 먼저 한국 유교식으로 축문, 헌주, 재배를 하는 약식 묘제를 올렸다. 그 다음에는 일본 불교 승려들이 독경을 했다. 그리고 강제노동 희생자들과 함께 고통을 겪은 홋카이도 선주민 아이누 민족 대표들이 이차르파를 이어갔다. 다종교 의례에 이어서 종교가 없는 유물론자들도 자신들의 사회·정치적 추모 의례를 행했다. 발굴 현장에서 기독교식 추모 예배를 집전한 일본인 목사는 인류 최초의 살인 행위를 적은 성경 구절을 인용하며 이렇게 사죄의 기도를 올렸다.

　　"사람의 손으론 지울 수 없는 범죄의 흔적, 반세기 전에 이 땅에 흘린 희생의 피가 우리를 불러 오늘 이 자리에 모이게 됐습니다. 움직일 수 없는 범죄의 증거 앞에서 진심으로 사죄하고 용서를 빕니다. 우리 손으로 확인한 준엄한 역사적 사실을 통해 다시는 이 땅에서 이런 인간의, 인간에 대한 범죄와 희생이 되풀이되지 않도록 하겠다는 결의를 다져야 할 것입니다. 오늘 이 자리에서부터 동아시아의 평화로운 새 역사가 시작되도록 해야 합니다. 모두 자기 언어로 '우리 승리하리라 we shall overcome'를 부릅시다."

씻김굿 전수자인 한국 무당이 발굴 작업을 시작하는 개토제에서 기도를 올렸다.

"오랜 세월 이 땅에 묻혀 돌아가지 못한 영혼들이여, 잠들지 못하는 원혼들이여, 이제 당신들을 깨우는 삽질을 시작하려 합니다. 시끄럽고 괴롭겠지만 잠시 참아주십시오. 당신들을 고향으로 돌아가게 하려는 착한 마음으로 하는 일입니다. 우리들의 손길을 받아주십시오."

땅속에 묻혀 있던 영혼들을 달래고 깨우는 기도 소리가 한국 대학생들의 풍물 소리와 함께 숲속에 울려퍼졌다. 함께 참여한 원로 역사학자가 눈물을 닦으며 말했다.

"왜 인류학자가 무당과 함께 오자고 했는지 이제 알겠네."

일본 승려의 독경과 찬송가 소리에도 풀리지 않던 마음이 비로소 깊은 위로를 받았다는 것이다.

## 양립 구도를 넘어선 공동체가 되다

1997년에 진행한 유골발굴에서는 네 구가 출토됐다. 너무 기대한 탓일까. 처음에는 실망이 컸다. 이보다 앞서 진행한 소라치 민중사강좌 당시에는 더 많은 유골이 발견됐기에, 이번에도 매장 위치만 제대로 특정한다면 더 많은 희생자의 유골을 찾을 수 있으리라 생각했다. 하지만 우리는 끝내 위치를 알아내지 못했다. 이후 발굴에서 우리가 처음 발굴했던 바로 그 옆에서 유골이 무더기로 나오기도 했다. 땅은 정말 알 수 없는 그런 것이다. 과거에 유골이 무수히 나왔다던 숲은 너무나 넓고 또 울창해서 안으로 더 들어갈 수 없었다.

당시 유골발굴의 미진한 결과에 아쉬운 마음이 남았다. 하지만 발굴을 더 이어가자는 말을 쉽게 꺼낼 수 없었다. 더 하고 싶은 의지는 있었지만, 유골의 매장 흔적을 찾아내기 쉽지 않을 것이라는 판단도 있었다. 여러모로 여건이 녹록치 않았다. 무엇보다 1997년의 유골발굴은 정말 엄청난 역량을 기울여서 겨우 이뤄낸 일이었다. 다시 동일한 규모의 발굴을 해낼 수 있을까 하는 의문이 클 수밖에 없었다. 게다가 처음부터 단 한 차례로 기획된 일이었다. 이걸 매년 반복한다는 건 현실적으로 불가능했다.

"홋카이도 슈마리나이 우류댐 건설 강제노동 희생자 유골을 발굴했습니다."

이 한 줄로 마무리되는 일이었다.

그런데 그 만남과 공동체적 감정은 참으로 끈끈하고 강렬했다. 1997년, 슈마리나이의 유골발굴은 유기적으로 잘 움직인 현장이었다. 인류학의 개념을 빌리자면 그곳에 모인 사람들은 하나의 '꼬뮤니따스communitas', 즉 공동체를 만들었다. 가해자와 피해자라는 추상적 구도를 넘어서 함께 유골을 발굴하고 절하며 역사적 현실 속에서 서로를 마주했다.

한국과 일본의 젊은이들은 매 순간 역사의 무게를 느끼며 강행되는 고된 발굴 작업 속에서 우정을 쌓아갔다. 새로운 만남에서 비롯된 흥분과 진지한 토론의 열기가 이어졌다. 함께 땀 흘려 일하고, 자고, 먹고, 마시고, 이야기하고 노는 공동생활 체험을 통해 이제까지 추상적으로만 알았던, 살아 있는 이웃나라 젊은이들의 존재를 총체적으로 느꼈다. 발굴이 끝난 마지막 날, 정말 봇물 터지듯 이야기가 쏟아졌다. "이대로 헤어질 수 없다!"는 목소리가 여기저기서 나왔다. 당시 다쿠쇼쿠대학교拓殖大學의 한 철학과 교수는 이렇게까지 말했다.

"이번 만남은 1989년 베를린 장벽 붕괴에 맞먹는 동아시아의 대사건이다."

동서 냉전이 무너진 것만큼이나 1997년 슈마리나이에서 이뤄진 만남과 화해, 그리고 우정은 동아시아 역사에 있어 큰 전환의 장면이라는 평가였다. 그만큼 일본 쪽에서 이번 경험을 깊고도 크게 받아들였다. 감동의 여진은 오래도록 이어졌고 쉽게 가라앉지 않았다.

모든 행사가 끝나고 한국 참가자들은 온천으로 향했다. 행사에 크게 감동한 일본 시민단체 관계자들의 배려였다. 삿포로 시내를 조금 벗어난 시코쓰 호수支笏湖 근처의 산 정상에 있는 온천을 예약해줬다. "이대로 헤어질 수 없다"는 마음은 일본 참가자들도 마찬가지였다. 그들도 온천에 들렀고, 이후에는 삿포로 관광도 같이 했다. 서로의 관계가 너무도 좋아 집으로 돌아가야 할 시간에 떠나지 못한 이도 많았다. 이미 예약해둔 티켓을 취소하고 예정된 일정을 미뤄가며 시간을 보냈다. 그만큼 관계의 온기가 뜨거웠다.

이 관계가 좋아서 다음에 한국에 찾아오고 한국말을 배워 인생이 바뀐 친구가 많다. 한국 친구들도 마찬가지다. 굉장히 다양한 사람이 있었고 그 면면들이 지금도 기억나는데 이제는 베테랑들이 됐다. 인생에서의 열흘, 그 뜨거운 여름 한 번이 무수한 사람의 삶의 트랙을 바꿨다. 일본의 시민단체 중 이렇게 젊은 사람들이 충원돼서 활기차게 돌아가고 있는 단체가 현재는 별로 없다고 한다. 이것이 거의 유일하다. 일본 시민사회단체의 힘만이었다면 이미 옛날에 시들었을 것이다. 우리하고 젊은이들이 결합된 것에 매력이 있는 것이다.

유골발굴이 끝나고 일상으로 돌아와서도 이들은 서로에 대한 기대와 호기심으로 인터넷을 통해 일상적으로 교류하게 됐다.

또한 조금씩 자신의 인생 진로를 바꾸기 시작했다. 강제노동 희생자 유골발굴 작업은 새로운 세대 간의 진정한 만남과 서로의 문화 이해를 위한 하나의 문화인류학적 프로그램으로 이어졌다.

인적이 드문 홋카이도의 숲속에서 뜨겁게 진행된 유골발굴은 일종의 통과의
례처럼 여러 젊은이의 삶을 변화시켰다. 짧은 기간이었지만 비일상적인 특별
한 시공간에서 실존적인 만남이 거듭됐다. 산 자와 죽은 자의 만남, 민족·국
가·언어·종교·세대·입장의 차이를 넘는 충격적인 만남을 통해 그동안 당연시
했던 가치관이 흔들리는 강렬한 경험을 했기 때문이다. 처음에는 한국, 일본,
재일동포와 아이누 젊은이들이 중심이 되어 진행됐던 이 유골발굴은 이후 다
양한 초국가적 한민족 구성원들과 중국, 대만, 미국, 독일, 호주 등 문화 배경
이 다른 사람들도 참여하는 '동아시아공동워크숍'으로 발전했다. 지난 20년
동안 매년 여름과 겨울 워크숍을 통해 유골발굴, 유족 조사, 역사 현장 탐방,
상호문화 이해 프로그램을 진행하면서 기억, 추모, 화해와 인권을 주제로 하
는 실천적 평화운동이 됐다.

**_〈기억과 추모의 공공인류학〉 중에서**

4장     나비
효과

부드럽고 약한 사람들의 고리는
변화를 일으킨다

## 강제노동 희생자의 유족을 찾아가다

뜨거웠던 열흘이 지나갔다. 강제노동 희생자 유골발굴을 위해 홋카이도 슈마리나이에 모였던 젊은이들은 "이대로 끝낼 수 없다"는 결의로 다음을 기약했다. 일본에서 한 번 했으니 이번에는 한국에서 이어가자고 뜻을 모았다. 그렇게 1998년 서울 한양대학교에서 제2회 한일대학생공동워크숍이 열렸다. 이번에도 자원봉사의 힘이 컸다. 1997년의 유골발굴을 계기로 한국을 오가던 일본 친구들과 그들의 친구들까지 참여하면서 자연스럽게 일본 측 참가자가 구성됐다. 일본의 평화교육 교사들과 활동가들도 함께했다. 1998년 워크숍 또한 열기가 대단했다. 젊은이들의 연대와 기억, 그리고 평화를 향한 바람은 다시 뜨겁게 타올랐다.

그 무렵부터 워크숍 전체 프로그램에 인류학적 현장 연구 방법론을 도입하기 시작했다. 제암리 교회, 조선총독부가 있던 자리 등 한국에 남아 있는 식민지 유산을 따라가며 현장 조사와 기록을 진행했고, 강제노동 희생자의 유족을 찾아 그들의 증언을 구술로 채록하는 작업도 본격화했다. 그때만 해도 슈마리나이 우류댐 건설 현장 희생자 명단 가운데 한국에 살고 있는 유족을 찾을 수 있었다. 우리는 차를 몰고 전국을 누비며 유족을 찾았고, 일본에서 온 참가자들도 유족의 목소리를 함께 들었다. 그 자리에서 일본 시민단체의 진정성에 깊은 인상을 받은 한 한국 학생은 그날을 계기로 워크숍 활동에 본격적으로 뛰어들었다. 기억과 만남, 그리고 진심은 이렇게 또 다른 인연과 연대를 만들어갔다.

한국에서 진행한 강제노동 희생자 유족 찾기는 1998년 2월부터 본격적으로 시작됐다. 호적지 조회와 전화를 통해 확인된 고故 김용옥 씨(사망 당시 20세)의 누이동생과 조카를 찾아 전라남도 고흥반도를 방문했다. 할머니가 된 누이동생은 고흥반도의 갯벌에서 바지락을 캐고 있었다. 우리가 다가가 인사를 건네자, 할머니는 바닷가 바위에 걸터앉아 "왜 아픈 상처를 다시 들쑤시냐"며 통곡했다.

오빠에 대한 그의 기억은 선명했다. 김용옥 씨는 시골에서 소학교를 마친 인재였고, 마을 청년들을 모아 야학을 열었다고 한다. 어느 날 공출미를 걷으러 온 일본 순사와 조선인 앞잡이가 마을 사람들을 모아놓고 본보기로 아버지를 때리자, 격분한 그는 둘을 상대로 싸워 마을 밖으로 쫓아내고 바로 도망쳤다고 했다. 그 후 행방이 묘연했는데, 홋카이도에서 죽었다는 소식과 함께 화장된 재가 담긴 항아리만 돌아왔다고 말했다. 그러나 홋카이도 현지 기록에는

'두개골 파열로 사망했고 매장했다'는 내용만 남아 있었다. 어느 쪽이 사실인가. 할머니는 조사단의 차를 보며 "당신들이 타고 온 이 차를 타고 오빠의 영혼이 함께 온 것 같아요" 하며 다시 울었다.

충남 논산이 본적지인 고(故) 조경복 씨(사망 당시 23세)의 84세 된 형님이 서울 미아리에 살고 있었다. 슈마리나이 현지 기록에는 매장된 것으로 되어 있었는데, 화장된 유해가 나무 상자에 담긴 채 돌아왔다고 했다. 형님의 증언은 문제를 더욱 복잡하게 만들었다. 처음 전달받은 나무상자를 열어봤더니, 그 안에는 신문지를 태운 듯한 검은 재만 담겨 있었다는 것이다. 억울한 마음에 이곳저곳 사정을 호소하고 다니니 마을에는 흉흉한 소문이 돌았다. 두어 주가 지나 두 번째 나무상자가 도착했다. 이번에는 하얀 뼈만 두 토막 들어 있었다고 했다.

과연 혹한의 홋카이도에서 추락으로 사망한 이의 유골이, 단 한 달 만에 화장돼 이토록 빠르게 돌아올 수 있었을까? 매장과 화장, 어느 쪽이 진실인가. 할아버지는 힘겨운 걸음으로 방으로 들어가 깊숙한 곳에 넣어둔 2만 원을 우리에게 쥐어주며 고마운 일을 한다고 되풀이해서 이야기했다.

충청북도 괴산읍의 호적계에서 한나절을 뒤진 끝에 고(故) 신영복 씨(사망 당시 27세)의 조카가 충남 천안에 살고 있다는 사실을 확인할 수 있었다. 신영복 씨는 아버지와 함께 강제로 끌려갔고, 그 뒤로 어떤 소식도 없이 슈마리나이에서 생을 마감했다. 기다려도

돌아오지 않는 부자에 가족은 결국 1950년대와 1960년대에 각각 호적 정리를 하며 사망 처리할 수밖에 없었다. 신영복 씨가 풍비박산한 집안에서 어린 시절 내내 고생만 했다고 말한 조카는 우리가 모셔온 유골을 바라보며 "아저씨의 유골이나 다름없다"며 자신이 장례를 치를 수 있게 해달라고 했다.

"그동안 우리가 겪은 고난의 근원조차 제대로 몰랐습니다. 하지만 이제야 이유를 알게 됐습니다. 가족의 역사가 다시 밝혀진 것만 해도 고맙습니다. 그 증거로 삼겠습니다."

이 말로 인사를 대신했다.

강제노동 희생자 유골발굴과 그에 이은 유족 찾기는 단지 과거를 반추하기 위한 작업이 아니다. 또한 과학적 증거만을 수집하는 차가운 사실 확인 절차에만 머물러서도 안 된다. 이 일은, 바로 이 시대를 살아가는 우리가 좀 더 나은 내일을 열기 위해 반드시 마주하고 성찰해야 할 과제다. 이름 없이 죽어간 이들의 삶을 복원하고, 단절된 기억을 다시 이어 붙이는 이 작업은 침묵을 강요받았던 진실의 회복이자 우리가 함께 짊어져야 할 역사적 책임의 한 형식이다. 그리고 그것은 결국, '기억'이 어떻게 미래를 여는 문이 될 수 있는지를 우리 스스로에게 묻는 일이기도 하다.

## '한일'을 넘어 '동아시아'로

1998년 한국 워크숍 마지막 날, 고사리수련원에 모여 조별 활동을 공유하는 보고회를 열었다. 마치 축제 같은 분위기였다. 자연스럽게 또 "그럼 다음은 어디서 할까요?"라는 말이 나왔다.

"이대로 끝낼 수는 없지 않느냐!"

그 당시 나는 공동육아와 남북어린이어깨동무사업을 벌여 놓은 상태였다. 그래서 이렇게 말했다.

"저는 1997년 유골발굴 한 번으로 끝나는 일이었는데 여기까지 했습니다. 저는 그만하겠습니다."

그런데 뜻밖에도 참가자들이 도노히라와 나를 일본식으로 말하면 '마츠리아게루祭り上げる' 하겠다, 즉 "받들어 모시겠다"고 했다.

"상징으로라도 있어 주세요. 이 일은 계속돼야 합니다."

나는 단호히 말할 수밖에 없었다.

"도노히라 씨, 우리 이쯤에서 그만둡시다. 이건 우리 둘의 일이 돼서는 안 됩니다. 우리를 위해 누군가가 해주는 방식이 돼서는 안 됩니다."

도노히라는 처음에 그 말을 바로 이해하지 못했다. 하지만 그의 판단은 빨랐다.

"당신이 그만둬? 그럼 나도 그만둬야지."

그는 더 묻지도 않고 바로 고개를 끄덕였다.

"우리 공동 대표에서 사임합시다. 이 일은 젊은 세대의 일입니다."

우리는 공동 대표 사임을 선언했다. 그리고 김광민, 김영환, 마코토 이 세 사람이 새로운 공동 대표로 나서게 됐다. 김광민이 제안했다.

"제3회 워크숍은 오사카에서 개최합시다. 재일동포들의 역사, 그리고 간사이 지역에 남겨진 조선인 강제노동의 상흔을 현장에서 마주합시다."

1999년, 제3회 한일대학생공동워크숍은 일본 오사카에서 열렸다. 당시 오사카에는 부라쿠민部落民해방운동을 벌이던 주민들이 세운 문화 센터가 있었는데 그곳을 빌려 프로그램을 진행했다. 참가자들은 오사카 일대에 산재한 조선인 강제노동 현장을 답사하고 일본의 차별 문제, 특히 부라쿠민 공동체의 역사와 만나는 새로운 지평을 열어갔다. 그때만 해도 한국 사회에는 거의 알려지지 않았던 교토 '우토로ウトロ' 마을을 찾아가 현장 연구를 진행했다. 그곳은 일제강점기 당시 군 비행장 건설을 위해 조선인 노동자들이 강제로 이주해 살았던 터전이자 전후 수십 년 동안 철거 위협에 시달려온 재일동포들의 거주지였다.

1999년 오사카 워크숍을 계기로 '한국과 일본'이라는 국가 단위의 만남과 연대를 규정하는 방식은 점차 어색하고 불충분하게 느껴졌다. 1997년 유골발굴부터 사용해온 '한일대학생공동워크숍'이라는 이름에 의문이 생긴 것이다. 그 이름이 과연 우리 모두를 충분히 담아내고 있는가? 경계를 긋는 '국가'라는 개념이 때로는 편의적일 수는 있겠지만, 그 자체는 쉽게 동의하거나 수용할 수 없는 단위라는 것을 몸으로 느꼈다. 그렇게 워크숍에 함께했던 이들은 점차 더 복합적인 차원에서 이 문제들을 이해해야 한다는 생각에 이르렀다.

    이런 문제의식은 워크숍이 출발하고 성장할 수 있었던 배경인 남북어린이어깨동무사업의 흐름 속에 자리하고 있다. 한일대학생공동워크숍의 초기 주역들도 바로 이 사업의 맥락 속에서 자라난 이들이었다. 1997년 유골발굴에 참가했던 중심 멤버들은 남북어린이어깨동무사업과 자원봉사 활동을 통해 실천의 경험을 쌓아온 학생들이었다. 그들에게 북한은 일방적으로 흡수하거나 통합해야 할 대상이 아니었다. 오히려 '어깨동무 정신'으로 함께 만나야 할 이웃이었다. 따라서 워크숍은 단지 과거사를 공유하는 '시민연대'에 머무르지 않고, 분단된 한반도의 구조를 넘어서기 위한 사유와 실천의 공간으로 자연스럽게 확장됐다.

    당시 한국 사회 분위기는 매우 역동적이었다. 2000년 6월, 남북 정상회담이 개최됐고 중국동포들의 한국 이주가 활발하게 이뤄졌으며 이주 노동자도 대거 한국에 들어오기 시작했다. 이 모든 변화가 복합적으로 맞물려 일어나고 있었다. 그런 분위기 속에서 우리가 워크숍에서 나눴던 '국민·국가의 경계'에 대한 인식과 문제의식은 당시로서는 매우 선구적인 경험이었다. 우리 모두는 맨몸으로 이 시대의 변화와 맞닥뜨리고 그 한복판에서 새 길을 만들고자 애쓰던 사람이었다.

나는 남북어린이어깨동무사업을 통해 평양을 방문했고, 두만강과 압록강변의 조선족들도 만났다. 또한 북중 국경을 넘는 북한 아이들에 대한 조사에도 참여했으며 연변 지역 조선족 사회 내에서 탈북자들이 겪는 이중 차별 문제도 목격했다. 그 과정에서 이산離散은 단순히 한민족 내부의 문제가 아닌 매우 복합적이고 다층적인 상황임을 깊이 이해하게 됐다.

워크숍에서 동아시아의 평화가 단순히 한중일 간의 정치적 노력만으로는 완성되지 않는다는 깊은 논의가 이뤄졌다. 결정적인 계기는 바로 재일동포들과의 만남이었다. 특히 조선적을 가진 이들과의 만남은 매우 중요했다. 이들은 일본, 남한, 북한 어느 국가에도 완전한 국민으로 포함되지 않으며 '자이니치'라는 독특한 정체성을 지니고 있었다. 조현수 같은 인물의 이야기는 워크숍 참가자들에게 큰 울림을 줬다. 이들은 역사적으로 형성된 국민·국가의 틈새라는 질곡에 갇혀 있었으며, 그것을 해체하지 않고서는 영원히 주류 사회에 편입될 수 없는 존재였다. 이런 인식을 통해 우리는 재일동포들의 현실을 '우리'의 문제로 느끼기 시작했다. 자연스레 재일조선학교에 대한 관심과 이해도 깊어졌다.

그리고 또 한 가지 중요한 문제와 맞닥뜨렸다. 바로 아이누가 처한 현실이었다. 아이누의 권리 문제로 꾸준히 활동하고 있던 오가와 선생과 그의 아들 오가와 모토이가 함께 현장 연구를 진행했다. 이 과정에서 자위대 주둔지와 기지 문제, 나중에는 오키나와 미군기지 문제까지 연결되는 복합적인 사안들이 논의됐다. 워크숍은 단순히 군사기지 문제를 넘어서 선주민 문화 말살 문제, 그리고 선주민과 소수민족, 소수집단에 대한 차별까지 폭넓게 다뤘다. 즉, 군사·정치적 문제와 더불어 역사·문화적 차별을 총체적으로 논의하는 장이 됐다. 이처럼 워크숍은 기존의 식민지 피해자와 민족 문제뿐만 아니라 동아시아 내 다층적인 소수자 문제를 함께 탐구하는 자리가 됐다.

만남을 통한 경험을 거치며 우리의 인식은 자연스럽게 '동아시아'로 확장됐다. 지금도 생생히 기억난다. 2000년 겨울, 미국 버클리 인권 연구소Human Rights Center에 머물고 있던 나는 도노히라와 단체 이름을 두고 전화로 이야기를 나눴다. 그때 내가 말했다.

"동아시아로 갑시다. 동아시아공동워크숍으로 갑시다! 북한도 있고, 남한도 있고, 일본도 중국도 있는데 그 사이에 점 찍어서 '한·일' 이렇게 복잡하게 만들지 말고 그냥 '동아시아'로 갑시다."

처음에는 '동아시아평화워크숍'이라는 이름도 생각했다. 이름에 '평화'를 어떻게 담아야 할지 고민했지만, 결국 '평화'는 각 단체의 활동 속에 담기로 하고 모임 이름은 '공동'이라는 개념에 초점을 맞추자고 제안했다. 우리는 '공동육아운동'을 비롯해 '공동체'를 기반으로 한 다양한 실천을 해왔기 때문에 '함께한다'는 의미를 '동아시아'라는 단어에 담는 것이 더 중요하다고 판단했다. 그렇게 이름은 '동아시아공동워크숍'으로 정리됐다.

## 재일동포 청년들이 불어넣은 생명력

1997년, 슈마리나이 유골발굴에 함께했던 재일동포 청년들은 한국과 일본 학생들에게 큰 충격을 줬다. 처음에는 "우리는 한일 간의 다리가 되겠다. 양쪽 말을 하니까 통역도 할 수 있다"고 했지만 실제로는 한국말을 거의 하지 못하는 사람도 있었고, 반대로 한국말을 유창하게 구사하며 양국 사이에서 적극적인 역할을 하는 사람도 있었다. 하지만 이들에게는 언어의 문제를 넘어서 각자가 가진 고유한 삶의 이야기가 있었다.

특히 자기소개 시간에 재일동포 청년들이 들려준 차별의 경험, 정체성의 혼란, 그리고 "이 자리에 온 것은 나의 뿌리를 찾기 위한 여정"이라는 고백은 깊은 울림을 줬다. 막연한 민족 개념이나 전쟁 책임에 대한 추상적인 인식만을 갖고 참여했던 한국과 일본 청년들에게 그들의 이야기는 훨씬 더 절실한 주체성 인식으로 다가왔다. 그 만남이 주는 감정적 충격은 1997년 당시부터 시작해 이후 워크숍을 이끌어가는 중요한 힘이 됐다.

워크숍 참가자들이 재일동포의 존재를 몰랐던 것은 아니다. 하지만 대부분이 일본에 사는 '한국 사람', 미국에 사는 '한국 사람'처럼 단순화해서 받아들인다는 느낌이 들었다. 우리 민족의 이산 역사를 깊이 이해하지 못한 채 재일동포를 바라봤던 것이다. 사실 남한 사람들이나 북한 사람들 모두, 이른바 '본국'에 있는 사람들은 그런 인식이 거의 없다. 일본 참가자들 역시 재일동포의 존재에 대해 잘 모르고 있었다. 하지만 함께 시간을 보내고 공동 작업을 하면서 서로를 깊이 이해하는 과정을 거쳤다. 그 존재가 품고 있는 특별한 애환과 고통, 그리고 그 마이너리티가 갖는 고유한 매력을 비로소 체감했다.

한 사람, 한 사람이 지닌 놀라운 매력에 많은 이가 더 깊은 인상을 받았다. 재일동포들은 우리가 이전까지 막연히 떠올리던, 이를테면 늘 차별과 억압 속에 놓인 피해자 이미지와는 사뭇 다른 존재였다. 그들은 국가와 사회의 균열 혹은 억압적 구조의 틈새를 뚫고 나온 생명력과 매력으로 충만한 이들이었다. 그런 이들이 모인 워크숍은 어떤 의미에서는 국가 권력과 경계가 만들어낸 균열의 공간이었고, 경계 지대에 존재하는 이들이 자신의 생애사와 경험을 통해 동아시아 국민·국가의 문제를 실감나게 증언하고 토로하는 자리였다. 이때의 논의는 그 자체로도 매우 특별하고 흥미로웠다.

그 무렵 워크숍에서 재일동포의 민족 교육 문제가 주요한 의제로 부상하면서 재일동포인 강수행이 본격적으로 참여하게 됐다. 유골발굴을 함께했던 학생들 중에서도 본격적으로 조선학교에 관한 연구를 시작한 이들도 있었다. 그 과정에서 자연스럽게 조선학교와의 네트워크가 형성됐다. 이런 흐름 속에서 조선학교는 점차 워크숍의 중심 의제 중 하나로 자리매김했다.

당시 조선학교는 일본 사회 내에서 극심한 차별과 혐오의 표적이 되고 있었다. 학생들의 치마저고리가 찢기는 사건이 벌어질 정도로 폭력적인 위협 상황에 놓여 있었다. 특히, 북한의 미사일 발사와 핵 문제를 둘러싼 정치적 긴장이 고조되면서 조선학교와 그 구성원들은 말 그대로 벼랑 끝으로 내몰리고 있었다. 그런 소용돌이 속에서 조선학교 측도 워크숍에 점점 더 깊은 관심을 보였고, 실제로 그 이후에 조선학교가 워크숍에 활발히 참여하게 됐다. 동시에 워크숍 구성원들에게도 조선학교는 더 이상 '외부'의 문제가 아니었다. 워크숍 참가자들은 개인적으로든 단체로든 조선학교를 방문했고, 그들을 지지하고 연대하는 일을 중요한 과제로 받아들였다.

그때부터 일본에서 워크숍을 열면 조선학교 방문을 프로그램에 자연스럽게 포함시켰다. 기회가 있을 때마다 오사카를 경유해 오사카의 조선학교를 방문했다. 당시에는 통일부에 신고만 하면 되는 시기였기 때문에 관련 절차를 밟아 조선학교를 찾아갔다. 이런 방문은 단순히 일본 사회와의 만남을 넘어서 북과 연결된 재일동포들과의 만남이라는 또 다른 차원의 의미를 갖게 됐다.

## 통일이 돼도 우리는 차별받을 것 같아요

워크숍에서 처음으로 조선학교 학생들을 만났을 때가 기억난다. 조선학교가 일종의 '건전한 신학교' 같다는 느낌을 받았다. 물론 그런 식의 표현을 본인들이 가장 싫어할 수도 있겠지만 어쨌든 경건함이랄까, 그런 특유의 분위기가 있었다. 집단주의적인 문화 속에서 살아온 사람들이라는 인상도 받았고, 문화적 온실처럼 느껴졌다. 그런 환경 때문인지 일본 사람들과도 한국 사람들과도 전면적으로 만난 경험은 거의 없어 보였다.

조선학교 학생들도 워크숍에서 큰 문화적 충격을 받았다. 당시 조선학교나 총련 내부에 여러 복잡한 사정이 있었겠지만 결국에는 '우리가 남북을 오가면서 살아야 한다'는 인식이 있었던 듯하다. 워크숍에서 받게 될 문화 충격이 클 것을 알면서도 당사자들은 '온실 안, 조직 문화 안에만 사람을 가둬 키울 수 없다'고 느꼈을 것이다. 게다가 남북 정상회담이 열리면서 남북의 분위기가 '풀려나간다'는 기대감이 컸던 때였다. 그래서 믿을 만한 학생 대표들이 중심이 되어 워크숍에 참석했다. 알고 보니 그들이 조선학교의 리더들이었다. 가정 환경이나 개인적 배경을 고려해 학교에서 일정한 역할을 맡고 있는 학생들이었다. 처음에는 열한 명 정도로 시작해 차차 인원을 늘려나갔다. 점점 많은 학생이 워크숍에 참여할 수 있도록 한 것이다. 어느 날 밤, 워크숍 일정이 끝난 뒤 조선학교 학생들과 늦은 시간까지 이야기를 나눈 적이 있다. 그 학생들 역시 남한에서 온 대학 교수에게 궁금한 게 많아 보였다. 나에게 이것저것 묻기도 했고 나도 궁금했던 것을 물었다.

처음에는 여러 명이 함께 있었으나 시간이 흐르면서 하나둘 자리를 떴다. 남은 학생들과 새벽까지 이야기를 이어갔다. 결국에는 보경이를 비롯한 조선학교 학생 몇 명만이 남았다. 보경이는 나중에 조선학교에서 위원장을 맡기도 했고 지금도 활동을 이어가고 있다. 그 시절 보경이는 조선학교 내에서도 후계자로 양성되던, 말하자면 학교 안팎에서 기대를 받는 '모범'적인 인물이었다. 내가 어려서부터 보이 스카우트를 해서 '모범'에 대해 어느 정도 알고 있었는데 보경이가 바로 그런 모범생, 즉 명예를 중시하고 책임감 있는 인물이었다. 딱 봐도 그런 기질이 느껴졌다.

지금도 잊히지 않는 장면이 하나 있다. 그날 보경이가 내게 말했다.

"선생님, 통일이 돼도 우리는 차별받을 것 같아요. 남한에서도, 북한에서도, 그리고 일본에서도요."

그 말을 하며 울던 보경이의 모습이 눈에 선하다. 국가주의적 체제하에서 국민 교육을 받고 자라난 이들이라면 피할 수 없는 감각이 있다. 바로 자신이 이른바 '순혈純血' 혹은 '순종純種'이 아니라는 사실에 대한 인식이다. 보경이는 그 지점을 목격한 참으로 예리한 통찰력을 지닌 학생이었다. 보경이의 말을 듣고 정말 마음이 아팠다. 그 이야기는 비단 조선학교 출신 학생들에게만 해당되는 것이 아니었다. 결국, 모든 형태의 이주민과 소수자가 근본적으로 마주하는 문제이자 궁극적으로는 극복해야 할 과제이기 때문이다.

나는 늘 이런 생각을 했다. 마이너리티로 살아가는 이들이 자기 안에 자리한 '소수자성'에 대한 자각을 통해 차별과 불평등의 구조가 결코 개별적인 것이 아님을 깨닫고 보편적 원리를 이해할 수 있어야 한다고. 바로 그 감수성에서 연대의 가능성이 시작된다고 믿는다. 내가 말하는 차별이란 단지 어느 특정한 정체성에만 귀속된 고유한 고통이 아니다. 서로 다른 맥락에서 차별을 경험한 이들이 그것을 통해 더 깊은 차원의 구조적 유사성을 발견하고, 서로의 고통을 이해하며 손을 맞잡을 수 있는 계기다.

나는 이 이야기를 보경이에게도 했었다. 물론 그때 보경이가 내 말을 온전히 받아들이지 못했을지도 모른다. 하지만 내게는 그 모든 과정이, 특히 조선학교 학생들이 이 자리에 참여했다는 사실이 결코 잊히지 않는 소중한 경험으로 남아 있다.

## 다양한 문화를 경험하는 교육

한 번은 조선학교 학부모회와 청년상공회의 초청으로 '조선학교 학부모 전국대회'에서 강연을 하기로 했다. 그러나 어떤 이

유에서인지 예정일 바로 전날 갑작스럽게 강연이 취소됐다. 초청을 주도했던 학부모들은 매우 난처한 표정으로 나를 찾아와 조심스럽게 말했다.

"선생님, 대단히 죄송합니다. 저희 현실이 이렇습니다. 그래도 저희는 꼭 선생님의 말씀을 듣고 싶습니다. 혹시 괜찮으시다면 객석 맨 앞줄에 앉아계시다가 사회자가 마이크를 드리면 편하게 말씀해주실 수 있겠습니까?"

나는 인류학자니까 현장 연구 삼아 기꺼이 하겠다고 답했다. 그리고 그날 대회장에서 객석 앞줄에 앉아 있다가 일어나서 약 10분가량 이야기했는데, 조선학교 졸업생 임수현의 일화로 말문을 열었다.

잠시 임수현의 이야기를 하자면, 수현이는 당시 일본의 한 대학에 재학 중이던 학생이었다. 2001년 워크숍에 참석한 뒤, 돌아가는 길에 들른 니시혼간지西本願寺 삿포로 별원(이하 삿포로 별원)에서 새벽까지 깊은 대화를 나눴다. 조선적 신분이었던 수현은 자신의 정체성과 진로 문제로 많은 고민을 안고 있었다. 일본에서 대학에 다니는 동안 미국의 한 대학으로 교환 학생을 다녀온 경험도 있었고, 졸업 후 유학을 갈 것인지 혹은 일본에서 그대로 취업할 것인지 또 어떤 방식으로 살아갈 것인지를 두고 갈등하고 있었다. 그때 내가 조심스럽게 제안했다.

"한양대 대학원에서 인류학을 공부해보는 건 어떻겠니?"

이 제안을 계기로 수현이는 국적을 한국으로 변경하고, 한양대 대학원에 진학해 인류학을 전공했다. 그러나 한국에서의 학업 과정은 순탄하지 않았다. 한양대학원에 입학한 뒤 장학금을 신청하려 했으나 일본 국적이 아니라서 자격이 안 된다는 통보를 받았다.

재일동포 학자 조경희 교수는 이와 관련한 문제를 지속적으로 제기해왔다. 조 교수는 재일동포의 법적·사회적 지위가 모호하게 설정돼 있다고 지적한다. 차라리 '외국인'으로 분류되면 '다문화 정책'의 대상이라도 될 수 있지만, 일부 상황에서는 '내국인' 범주에 포함돼 오히려 제도적으로 불이익을 받는 경우가 생긴다고 했다.

재일동포는 국민·국가가 전제하는 명확한 국적과 소속 그 어디에도 온전히 들어맞지 않는다. 그로 인해 제도와 사회적 공백 지대, 즉 불리한 조건을 지닌 '틈새'에 존재하게 된다. 이런 존재 방식은 공식적으로는 인식되지 않는 경우가 많고, 결과적으로 자신의 존재 자체가 정당하게 인정받지 못하는 경험을 하게 된다. 임수현은 워크숍을 통해 이런 구조적 모순을 깊이 인식하게 됐다.

임수현은 자신이 속한 집단의 특수한 상황에 국한되지 않고 그 경험을 좀 더 보편적인 차원에서 사유하려는 시도를 이어갔다. 그런 점에서 흥미로운 것은 임수현이 재일동포로서의 마이너리티 경험을 특수화하기보다 보편적인 소수자 문제로 확장했다는 점이다. 수현이는 한국 사회 내에서 차별을 겪고 있는 중국 국적의 조선족을 주제로 석사 논문을 썼고 이후 캐나다로 유학을 떠나 사할린동포를 연구하면서 러시아어까지 습득했다.

나는 조선학교는 단지 민족 교육의 장에 머무는 것이 아니라 다문화적 감수성과 세계 시민으로서의 자질을 키울 수 있는 교육 공간이자, 실제로 그런 인재들이 성장하고 있는 곳임을 강조하고 싶었다.

"지금 여기, 조선학교에서 자란 임수현이라는 학생을 보십시오. 앞으로가 더욱 기대되는 훌륭한 인류학자가 있습니다. 그가 몇 개 국어를 하는 줄 아십니까? 조선어도 구사하고 한국어도 합니다."

이 말을 하자 객석에서 웃음이 터졌다.

"중국어도 조금 하고 영어는 아주 유창해서 캐나다에서 공부하고 있습니다. 러시아어도 능통합니다. 아직 20대에 불과한 이 청년은 여섯 개의 언어를 자유롭게 구사하며 다양한 문화적 배경에 대한 깊은 이해를 지닌 사람으로 성장하고 있습니다."

이어서 강조했다.

"이처럼 민족 교육이 지닌 가치가 얼마나 귀중한지, 우리는 그것을 제대로 인식하고 함께 가꿔나가야 합니다. 많은 이가 자녀의 영어 조기 교육을 위해 인터내셔널 스쿨에 보내지만, 그런 좁은 선택지 대신 이처럼 다양한 문화와 언어를 아우르며 성장할 수 있는 교육이 바로 여기에 존재합니다. 조선학교는 그런 곳입니다. 이 귀한 학교를 함께 아끼고 지켜가야 하지 않겠습니까?"

이와 같은 취지로 이야기를 마무리하자 청중의 반응은 매우 긍정적이었다. 많은 이가 고개를 끄덕이며 공감했다.

### 차별은 보이지 않을 뿐이다

워크숍에서는 다양한 주제로 진지하고 열띤 토론이 이어졌다. 그중 내가 특히 의미 있게 기억하는 것이 있다. 하나는 한국이 베트남 전쟁 참전 시 저질렀던 민간인 학살과 같은 잔혹 행위에 대한 논의였다. 과거 일본 제국주의가 조선인을 상대로 저지른 폭력만을 문제 삼는 데 그치지 않고, 한국 또한 일정한 맥락에서는 가해자의 자리에 서 있었음을 되돌아보게 한 중요한 순간이었다. 즉, 한국이 오직 피해자의 위치에서만 자신을 호명할 수 없다는 역사적 자기반성의 논의가 토론의 핵심 중 하나였다.

다른 하나는 일본 사회 내의 구조적 차별, 특히 부라쿠민이라 불렸던 과거 백정 집단에 대한 차별에서 재일동포에 대한 차별로 논의가 확장됐다는 점이다. 그 과정에서 차별과 국가 폭력이라는 문제를 국가와 민족의 피해 서사에 가두지 않고 좀 더 구조적이고 보편적인 시선으로 공부하게 됐다. 우리는 '보편적 인권'과 '평화'라는 개념을 어떻게 공동의 언어로 만들어갈지 진지하게 모색했고, 바로 그 지점에서 나는 워크숍이 하나의 전환점을 마련했다고 느꼈다. 그때 젊은이들의 토론 속에서 자연스럽게 그런 인식의 확장이 일어났는데 이는 매우 획기적인 변화의 시작이었다.

　　나는 현실에서 가장 강하게 체감되는 경계가 바로 '국가'라고 생각한다. 국가 간에는 분명하고도 냉정한 경계가 존재한다. 그 경계는 권리를 나누고 특권을 구획하며 결과적으로 차별을 생산하는 구조로 작동한다. 경계 안에 오래 머문 사람일수록 차별에 무감각해지기 쉽다. 체제의 중심에 있으면 위계만 경험할 뿐이지 제도가 누군가를 배제하고 있다는 사실은 잘 보이지 않기 때문이다. 그런 점에서 나는 일본이 한국인에게 '차별'이라는 문제를 체감하게 해주는 가장 뚜렷한 공간이라고 생각했다.

　　일본 사회에서 한국인으로 산다는 것은 익숙하게 누리던 정체성과 권위가 무력해지는 경험을 하게 만든다. 누구는 이제 그런 차별은 없다고 말할지 모르지만, 바로 그때 재일동포와 조선학교의 현실이 불쑥 눈앞에 다가온다. 차별은 사라진 것이 아니라 어떤 이들에게 보이지 않을 뿐이다. 그래서 재일동포의 존재는 매우 중요한 의미를 지닌다. 그들의 삶은 지금도 이어지고 있는 차별의 증거이며 동시에 저항의 역사이기도 하다.

　　국민·국가 체제 안에서의 차별은 일정한 보편성을 가진다. 누군가가 그 체제 안에서 차별을 경험할 때 또 다른 누군가는 같은 틀을 이용해 타인을 배제한다. 다른 나라에서 아주 사소하지만 분명한 차별을 겪은 적이 있을 것이다. 그리고 그때의 감정은 잊히지도 않을 것이다. 하지만 돌아보면 우리들 또한 누군가에게 그런 구조의 일부로 작동했을지 모른다. 내가 직접 차별하지 않았다고 해도 체제가 내게 배제를 강요하고 있는 것이다.

우리는 차별을 단지 '개념'으로만 다뤄서는 안 된다. 차별은 언제나 구체적이다. 지금 이 순간 내가 누군가에게 가하고 있을 수도 있다. 어떤 이에게는 더욱 첨예한 현실일 것이다. 그러니 차별에 대해 이야기해야 한다. 그것이 나의 경험이든 타인의 고통이든 그 구조를 말할 수 있어야 한다.

민족이나 국민이라는 개념을 버리자는 게 아니다. 다만, 그 범주 자체가 언제든 차별의 기제가 될 수 있다는 점을 자각하자는 것이다. 스스로를 중심에 있다고 여기는 사람일수록 차별을 인식하기 어렵다. 그래서 나는 문화인류학을 가르칠 때 학생들에게 종종 이런 이야기를 한다.

"당신이 한국인이라는 이유만으로 심하게 차별받을 수 있습니다."

"그들은 당신이 한국인이라서 우습게 보기도 합니다."

"바로 재일동포들이 일본에서 그런 차별을 겪고 있습니다."

"당신이 한국 사람인데 영어를 조금 잘한다고 대우받을 수 있을 것 같나요?"

이 말은 외국에 대해 "대중문화에 대한 호기심만 있다"거나 "여행 가서 맛있는 음식만 먹고 오면 된다"고 말하는 이들에게 해주면 좋다.

"미국처럼 당신이 약간 불리하다고 느끼는 나라에 가면 아시아인이나 한국인이라는 이유로 차별당할 수 있습니다. 그러니 평소에 당신이 다른 사람에게 어떤 행동을 하고 있는지 돌아보고 사회적 약자가 받는 차별을 감지하는 기회로 삼아야 합니다."

다른 말로 하면 이렇다.

"이것이 바로 우리에게 필요한 '보약'입니다. 그렇지 않으면 당신은 아무런 의식 없이 차별의 구조 속에서 살 수 있습니다."

이 말을 하고 싶은 것이다.

민족이나 인종 문제뿐만 아니라 지역, 계급, 학벌, 성별, 성적 지향에 이르기까지 인간이 살아가는 과정에서 겪는 심리적 억압과 고통의 구조는 서로 닮아 있다. 한국처럼 능력주의가 강하게 작동하는 사회에서는 '실패한' 개인이 스스로가 낮은 급에 속한다고 여기는 경우가 많다. 학벌은 가장 널리 퍼진 차별의 정당화 방식이 됐다. 학벌 차별의 구조를 제대로 이해하고 나면 이 사회의 다른 차별들 역시 이해할 수 있다. 결국 차별은 각기 달라 보이지만 본질적으로는 개인의 삶에 깊게 스며든 구조적 문제라는 걸 깨닫고 제대로 바라볼 때 인식이 확장된다.

## 신뢰와 연결의 감각

2000년대 초반부터 일본이 달라지기 시작했다. 그 무렵부터 일본 사회 전반에 '백래시backlash' 움직임이 본격화됐고, 한일 관계 역시 눈에 띄게 경색됐다. 당시 고바야시 요시노리小林よしのり의 《전쟁론戰爭論》이라는 만화책이 20~30대 젊은층 사이에서 큰 인기를 끌었다. 일본의 제국주의 침략 전쟁을 정당화하고 군대 보유의 당위성을 주장하는 내용이었다. 노골적인 역사 인식에도 불구하고 '새롭다'거나 '솔직하다'는 평가를 받으며 널리 읽혔다.

니시오카 쓰토무西岡力와 같은 역사수정주의자들의 목소리도 힘을 얻기 시작했다. 이들은 일제의 식민 지배와 침략 전쟁, 일본군 '위안부', 강제노동 문제를 부인하거나 축소하려고 했다. 무엇보다 놀라웠던 것은 이런 주장에 동조하는 이들이 점점 늘어났다는 사실이다. 2002년, 조일 정상회담에서 북한이 일본인 납치 사실을 공식 인정하면서 일본 정부의 대북 강경 노선은 더욱 강화됐다. 일본 사회 전반에 혐북조선嫌北朝鮮과 혐한嫌韓 정서가 걷잡을 수 없이 퍼졌다. 그 여파는 고스란히 일본에 거주하는 재일동포들에게 향했고 혐오와 차별은 심화됐다. 당시에 남북한은 긴장을 완화하고 대화를 시도하던 중이었다.

이런 거센 역풍 속에서 2003년 워크숍이 열렸다. 나는 그해 심포지엄 강연의 내용을 고민했다. 한일 관계는 얼어붙은 상태였고 일본 내에서는 혐오와 증오의 정서가 점점 더 노골화되고 있었다. 그 속에서 우리가 무슨 이야기를 해야 할까, 무얼 건넬 수 있을까 마음이 복잡했다. 마침 그 무렵, 버클리 인권 연구소에 들렀다가 뉴욕에서 활동하던 '평화의씨앗Seeds of Peace'이라는 단체를 알게 됐다. 이 단체는 팔레스타인과 이스라엘의 청소년들이 여름마다 함께 캠프생활을 하며 서로를 이해하고 화해를 모색하는 프로그램을 운영하고 있었다. 그 모습이 참 인상 깊었다. 단지 적대적인 두 집단이 만나는 자리가 아니라 서로가 이야기 나누며 낯선 사람 안에서 자기를 다시 발견하게 되는 과정이 무척 인상 깊었다. 그 경험을 곱씹으며 우리가 하고 있는 워크숍도 일종의 평화운동, 화해의 과정으로 개념화할 수 있지 않을까 생각했다. 나는 그해 강연에서 이런 이야기를 꺼냈다.

"지금 이 시대는 혐오와 증오의 감정이 정치의 언어가 되어 퍼지고 있지만, 그럴수록 진정한 상호이해와 화해, 연대, 그리고 평화를 향한 작은 실천이 중요합니다."

아주 작고 연약한 만남일지라도, 거기서 비롯된 신뢰와 연결의 감각은 결국 세상을 바꾸는 힘이 될 수 있다고. 그때 아마 이런 말도 했던 것 같다.

"나비효과처럼 정말 부드럽고 약한 사람들 사이의 고리가 결국엔 거대한 권력이나 체제를 움직이는 변화의 시작이 될 수 있습니다."

생각해보면 나는 여전히 '소프트한' 이야기를 하고 있었다. 하지만 그것이야말로 동아시아의 화해와 평화를 말할 수 있는 언어라 믿었고 지금도 그렇다.

### 이성도 본성이야!

2005년, 한양대학교 에리카 캠퍼스에서 〈동아시아, 그 막힘과 트임〉이라는 큰 규모의 워크숍을 개최했다. 국제 심포지엄을 열었고, 리영희 선생을 강사로 모셨다. 이기심과 경쟁심으로 서로 반목하고 싸우는 세계에 절망한 나는 선생에게 질문했다.

"과연 인간의 이성이 본성을 누르고 평화로운 세상을 만들 수 있을까요?"

리영희 선생은 단호한 어조로 답했다.

"이성도 본성이야!"

오랫동안 어정쩡하던 의문이 갑자기 풀리며 나도 모르게 눈물이 났다. 옆에 있던 학생들이 의아한 얼굴로 우리 둘을 번갈아 봤다.

그동안 우리는 인간 본성에 대해 편협하게 생각하고 있었다. 세상의 경쟁적 속성에만 주목해서 '약육강식'이라는 왜곡된 해석을 자연법칙처럼 배웠다. "생물학자들의 죄가 크다"고 진화생물

학자 최재천 교수도 자책한 바 있다. 생존 경쟁에서 살아남는 방법은 오로지 주변을 제압하고 이기는 것이라고 믿게 했기 때문이다. '적자생존' 원리를 권력과 경쟁의 논리로 왜곡한 것은 생물학만이 아니라 모든 근대 학문이 함께 저지른 잘못이다. 그렇게 제국주의의 침략을 합리화하고 자본주의의 승자독식 원리를 뒷받침했다. '동물의 왕국'은 약한 동물을 잡아먹는 포식자를 '왕'이라 했고, '오디션'은 사람들을 극단적인 경쟁으로 내몰았다.

그러나 최근 인류·심리·생물·교육학 분야에서는 인간의 또 다른 본성인 공감과 협력에 대한 연구가 새롭게 주목받고 있다. 진화의 역사에서 가장 다정하고 협력적인 종은 바로 인간이다. 인간이란 동물이 지구상에서 번성한 이유는 큰 집단을 만들고 협력할 수 있었기 때문이다. 개인으로서 인간은 약해도 집단은 강하다. 집단을 만들고 협력하려면 공감과 소통, 그리고 갈등을 조절하는 이성이 필요하다. 현생 인류는 이미 전 지구적으로 교류하고 협력하는 체제를 구축하고 그것을 관리하며 살고 있다.

맹자는 동물과 다른 인간의 본성은 '이성'이라고 했다. 이성이란 "진실을 찾기 위해 모든 정보를 모아 결론을 도출하는 데 의식적으로 논리를 적용하는 능력"이라는 정의도 있다. 리영희 선생의 평생 좌우명은 '진실'이었다. 진실을 찾고자 끊임없이 노력해온 인간 '이성'의 화신 같은 분에게 직접 받은 가르침은 울림이 컸다.

그런 리영희 선생을 모시고 일본에 간 적이 있다. 2004년

2월, 리 선생은 '강제연행·강제노동희생자를생각하는홋카이도포럼'에서 주최하는 희생자 추도제에서 기조 강연을 했다.

강연 다음 날, 리 선생과 삿포로 시내에 있는 조선학교를 방문하기로 했다. 2000년 남북 정상회담 이후, 재일동포 사회에서도 화합의 기운이 무르익고 있을 때였다. 호텔 로비에 모여서 출발하기 직전에 학교 측으로부터 "저명한 민주화 투사인 리영희 선생님이 모처럼 오시는 길이니 학생들에게 격려의 말씀을 해달라"는 부탁을 받았다. 리 선생이 갑자기 호텔방에 다시 갔다 와야겠다고 하셨다. 어제 평상복 차림으로 대중 강연까지 했던 분이 넥타이를 매야겠다는 것이다. 일본 땅에서 억압받으며 자라는 청소년들을 만나는데 조금이라도 소홀한 모습으로 가면 안 된다고. 정장 차림의 리 선생은 열렬히 환영하는 학생들에게 따뜻한 눈길을 보내며 자상한 격려의 말을 했다.

강제노동 희생자 유골발굴은 일본의 지방자치단체와 주민들이 한국의 민간 단체와 함께 자기 지역의 어두운 역사를 발굴했다는 점에서 획기적인 일이었다. 이런 주민 참여 유골발굴은 중앙 정부와 국민·국가의 경계를 넘어서 지역 사회와 주민, 민간 차원의 풀뿌리 연대가 실현된 사례로 주목받았다. 그러나 강제노동 희생자들과 유골발굴을 기념하는 추모비 건립이 2013년 11월 제막식 직전에 우익의 사이버 공격으로 중단되는 사태를 겪었다. 일본의 다른 지역에 이미 설치된 강제노동 추모 상징물들도 철거 압박을 받게 된 상황에서 홋카이도의 강제노동 현장에서 발굴된 유골들은 2015년 '70년만의 귀향' 전까지 인근 사찰에서 기약 없이 보관되고 있었다.

2002년, 삿포로 별원에 조선인 강제노동 희생자 유골 101위가 유족들의 동의 없이 합골合骨됐다는 사실이 알려지면서 많은 논란이 있었다.

_〈기억과 추모의 공공인류학〉 중에서

5장    기약 없이
       보관된 유골들

       망각 속에 가라앉은 기억을
       되살리다

## 무덤도 없이 떠난 사람들의 무덤을 만들다

2001년, 슈마리나이에서 두 번째 유골발굴을 했다. 첫 번째와 비교해 훨씬 넓은 면적의 현장이었다. 유골발굴은 대체로 "이곳에 묻혔다"라는 증언을 바탕으로 발굴 지점을 정한다. 지표면을 조금 파보면 시신이 묻힌 자리는 흙색이 다르다. 그 자리를 따라 깊이 파고들어가며 유골을 찾는 것이다. 하지만 이번에는 온전한 유골이 나오지 않았다. 작은 파편만 나오거나 아예 아무런 흔적도 없는 터가 많았다. 의욕이 앞서 유골이 나올 가능성이 없는 구역까지 너무 넓게 설정해 땅을 팠던 것이다.

그래도 "이제 더는 유골은 없다"고 차마 말할 수 없었다. 더 발굴하려면 공동묘지 안쪽 자작나무 숲속으로 들어가야 했다. 하지만 숲이 너무나 넓어서 어디서부터 어떻게 시작해야 할지 가닥을 잡을 수 없었다. 자작나무숲을 바라보면 막막했다. 참여한 이들 사이에는 다소간의 좌절감이 있었다. 눈에 보이는 성과가 없어 성취

감을 못 느끼는 것 같았다.

　　첫 발굴 경험을 토대로 사전 준비를 더욱 철저히 했음에도 불구하고 현장은 결코 만만치 않았다. 유골발굴이라는 작업이 이렇게도 어려운 일이구나 새삼 실감했다. 1997년, 첫 발굴 당시처럼 유골발굴 그 자체에만 의미를 둘 경우에 발생할 수 있는 위험성도 다시금 느꼈다. "이번에는 몇 구를 발굴했는가?"와 같이 숫자에 의미를 두면 이 작업은 언젠가 반드시 한계에 부딪힐 것이라는 생각이 들었다. 유골발굴을 다른 방식으로 의미화해야 할 필요성을 절실히 느꼈다. 유골발굴 자체를 넘어 그 과정을 통해 이뤄지는 만남과 상호이해야말로 우리가 이 일을 계속해야 할 이유라는 생각이 점점 더 깊어졌다.

　　허탈감이 컸지만 중간에 발굴 면적을 넓힐 수는 없었다. 일정도 얼마 안 남아 더 할 일도 없었다. 주위에는 흙더미만 잔뜩 쌓여 있었다. 참가자들은 파낸 흙으로 슈마리나이 공동묘지 안에 큰 무덤 하나를 만들기로 했다.

　　"여기, 무덤도 없이 떠난 분들을 위해 왕릉처럼 무덤 하나 만듭시다."

　　무덤 안에 워크숍의 기록과 자료집, 사진, 그리고 발굴 과정에서 나온 유물들을 비닐로 여러 겹 싸서 타임캡슐처럼 넣었다. 본래 빈 무덤이었지만 그렇게라도 기억을 남겨 위로하고 싶었다. 이제 슈마리나이에 가면 참배할 곳이 생긴 것이다.

무덤에 묘표墓標를 세우는 과정에서, 나는 처음으로 도노히라와 의견 '충돌' 같은 것을 겪었다. 도노히라는 글씨를 참 잘 쓴다. 그가 한껏 정성 들여 쓴 나무 묘표를 봉분 가운데에 세우자고 했다. 하지만 내 눈에는 나무 묘표가 너무 빈약해 보였다. 큼직하게 흙을 쌓아 만든 봉분에 비해 너무 왜소했다. 묘표는 한국식으로 하면 비석인데, 한국에서는 보통 무덤 정면에 세우지 않기 때문에 나는 "옆에다 세우자"고 말했다. 하지만 도노히라는 "가운데에 세워야 한다"고 주장했다. 그 장면을 손대용 선생이 지켜보고 있었다.

손 선생이 조심스럽게 덧붙였다.

"우리가 강제노동으로 희생된 조선 사람들을 여기서 발굴하고 있으니까, 그들을 기리는 무덤을 남기고 싶습니다."

그 말에 깊이 공감했다. 나도 그렇게 생각했기 때문에 손 선생이 내 마음을 읽은 것 같았다. 하지만 도노히라의 생각은 조금 달랐다. 아무래도 일본인 희생자가 더 많았고, 이곳에서의 강제노동을 좀 더 보편적인 역사 기록으로 남겨야 한다는 인식이 컸던 것 같다. 나와 도노히라는 대부분의 일을 흔쾌히 합의해서 결정했지만 그때만큼은 달랐다. 묘표를 봉분 정면에 세울지 옆에 세울지를 두고 아주 잠깐 실랑이가 오갔다. 지금 그 나무 묘표는 봉분 정면에 자리하고 있다.

### 조선 출신, 30대 남성

수십 년의 시간이 흐른 뒤 이뤄진 강제노동 희생자 유골발굴은 결코 간단한 일이 아니었다. 1997년에 진행한 슈마리나이 첫 발굴에서는 유골이 네 구밖에 안 나왔지만, 그 네 구는 거의 온전한 형태였다. 그 다음 유골발굴은 훨씬 넓은 면적을 팠지만 거의 파편만 나오는 경우가 많았다. 발굴 전문가들은 작은 뼛조각만 나와도 "이건 다리뼈고 저건 팔뼈이기 때문에 두 사람의 유골이다"라고 판단했다. 하지만 그 설명은 함께 발굴했던 참가자들에게는 쉽게 납득되지 않았다.

"이쪽에서 조각 하나, 저쪽에서 다른 조각이 나왔는데 이게 정말 다른 사람의 유골이라는 건가? 우리가 몇 사람 분을 발굴했다고 하는데, 그게 맞는 말일까?"

발굴 전문가들이 제시한 유골 개체 수와 현장 참가자들이 체감한 개체 수 사이에는 분명한 간극이 있었다.

2006년, 아사지노浅茅野 발굴 현장에서는 이 문제로 내게 항의한 참가자도 있었다.

"선생님, 유골 수를 그렇게 부풀릴 수 있는 겁니까!"

그 말에 별다른 대꾸를 하지 못했다. 나 역시 전문가에게 들은 말을 전했을 뿐이었으니까. 아사지노 발굴 현장 책임자였던 한양대학교 안신원 교수는 파워포인트 자료까지 준비해와서 "우리는 개체 수를 이렇게 판정할 수밖에 없습니다"라고 이야기했다. 과학적으로 맞는 설명이다. 하지만 현장에서 실제로 온전하게 교란되지 않은 유골을 마주해야만 비로소 '한 사람의 희생자'가 발굴된 것이라고 믿는 사람들에게는 설명이 좀처럼 와닿지 않은 듯했다.

오호츠크해를 마주한 일본 최북단의 마을, 아사지노 구舊 일본 육군 비행장은 아시아-태평양 전쟁 말기인 1942년부터 1944년 사이에 일본 육군이 건설한 군용 비행장이다. 당시 일제가 소련을 견제하기 위해 홋카이도 북부 일대에 추진한 군사 요새화 전략의 일환으로 건설됐으며, 그 현장에 대규모의 조선인이 강제로 동원됐다. 기록에 따르면, 약 1,000~1,200명가량의 조선인이 동원됐고 열악한 노동 환경과 질병, 영양실조 등으로 300~400명이 현지에서 사망했다. 2005년 10월, 이곳에서 시범 발굴을 시작으로 2006년부터 2010년까지 유골발굴을 실시했다. 총 38기의 유구에서 인골이 확인됐으며, 이 중 여덟 구는 거의 완전한 형태로 수습됐고 최소 24체에 해당하는 유골이 추가로 발견됐다.

처음 아사지노 구 일본 육군 비행장에 대해 들은 것은 도노히라가 공동 대표로 있던 '강제연행·강제노동희생자를생각하는홋카이도포럼(이하 홋카이도포럼)'을 통해서다. 2003년 2월, 삿포로에서 뜻을 같이한 사람들이 모여 '홋카이도포럼'이라는 시민단체를 만들었다. 조선인이 포함된 강제노동 희생자의 유골 101구가 삿포로 별원 봉안당에 합골된 채로 안치돼 있다는 사실이 알려지면서 그 문제를 해결하기 위해 결정된 단체였다. 홋카이도포럼의 결성에 대해서는 뒤에 자세히 설명하겠다.

1997년, 슈마리나이 유골발굴 전까지만 해도 홋카이도 내의 일제 강제노동 희생자 유골 문제는 공적인 영역에서 밀려나 있었다. 슈마리나이 유골발굴에 대한 이야기가 홋카이도 전역으로 퍼지고 홋카이도포럼이 결성되면서 강제노동 희생자 문제와 유골발굴은 국제적인 일이 됐다. 무시할 수 없는 사회적 이슈가 된 것이다. 지역 사회에서 그와 유사한 운동을 했던 사람들에게 "도노히라나 홋카이도포럼과 연결되면 우리의 과제를 실현할 수 있다"라는 믿음이 생겼다. 도노히라와 홋카이도포럼을 통해 홋카이도 여러 곳에 조선인의 유골이 아직 남아 있다는 증언이 모이기 시작했다.

또한 당시 아사지노에는 이미 향토사 연구자와 관련 생존자가 있었다. 아사지노 비행장에 대한 최초의 조사는 1968년부터 1976년까지 사루후츠촌猿拂村의 초등학교에 근무했던 하시즈메 기미히코橋爪公彦가 시작했다. 이후 작업은 카네코 야스오金子保夫 등이 이어받아 계속했다. 뒤이어 쓰노다 간잔角田觀山의 조사, 하마돈베츠고등학교濱頓別高等學校 향토사 연구부의 활동, 이시무라 히로시石村弘 등의 노력이 있었다. 이들이 만든 자료는 지금도 지역 강제노동 구술사 연구의 소중한 기록으로 남아 있다. 그리고 "젊었을 적에 내가 거기서 일했다"고 증언하는 주민도 있었다. 일본 육군 비행장 건설 공사에 동원됐던 조선인들이 목숨을 잃고 어디엔가 묻혔다는 이야기가 돌았다. 마을 노인도 "그때 그 자리에 조선인들이 묻혔다"고 분명히 기억하고 있었다.

그렇게 아시지노 유골 문제가 알려졌고 증언과 기록을 토대로 발굴 준비를 위한 시범발굴단(이하 시굴단)이 꾸려졌다. 박선주 교수와 도노히라, 재일동포 2세이자 홋카이도포럼 공동 대표인 채홍철 선생, 그리고 홋카이도포럼 일행이 시굴단에 참여했다. 채 선생의 아버지가 아시아-태평양 전쟁 때 홋카이도에서 강제노동을 한 사람이었기 때문에 그는 조선인 강제노동 희생자 문제에 큰 관심을 갖고 있었다.

2005년 10월 29일 이른 아침, 시굴단은 예전 비행장 인근 공동묘지가 있던 곳으로 추정되는 장소에 모였다. 그곳은 온통 조릿대 덤불로 뒤덮여 있었다. 지역 노인이 유골이 있을 법한 곳으로 안내했다. 발굴은 희미한 기억에 의존한 채 진행됐고 아무런 유골도 발견하지 못하고 있었다. 점심 무렵에는 소나기까지 내렸다. 비를 피할 천막을 치던 중 갑자기 땅이 꺼지면서 채 선생의 몸 절반 정도가 땅속으로 빠졌다. 처음에는 여우굴이라고 생각했지만 박 교수는 뭔가 있다고 판단했다. 모두 반신반의했지만 삽을 꽂아두고 식사 후에 그곳을 파보기로 했다.

채 선생이 빠졌던 자리를 파기 시작했다. 20분쯤 지나자 삽 끝에 단단한 감촉이 느껴졌고, 완전한 형태로 매장된 유골이 발견됐다. 박 교수는 매장된 유물과 체질인류학적 분석을 통해 중노동을 했던 조선 출신 30대 남성의 유골로 추정했다. 채 선생과 지역 주민들은 놀라움에 몸을 떨었다. 수습한 유골을 손에 쥐고 있던 홋카이도포럼 회원과 지역 참가자 들은 이 일을 계기로 본격적인 발굴에 나서기로 마음을 굳혔다.

### 과거사를 넘어선 아사지노 유골발굴

유골발굴을 하는 일은 간단하지 않다. 대부분의 경우, 행정기관이 문제를 제기하면 시작이 불가능하다. 유골이 묻힌 곳이 사유지면 웬만한 관계가 아니고서는 땅 주인이 허락해주지 않는다. 국유지라 하더라도 공동묘지에 속한다면 그 주변을 파는 일조차 쉽게 허락받을 수 없다. 더욱이 다수의 인원이 참가하는 워크숍 형식으로 발굴을 진행하겠다고 하면 지역 사회가 이를 받아들이는 일은 거의 불가능에 가깝다.

아사지노의 경우에도 유골발굴에 대한 현지 주민들의 요구가 있었으나 정작 지역 사회 내부에서 여러 제약을 걸었다. 협조를 얻기가 쉽지 않았고, 촌장은 "워크숍 형식으로는 안 된다"며 단호하게 반대했다. 발굴 자체에 반대하는 지역 주민들도 적지 않았다.

도노히라와 소라치민중사강좌 구성원들, 홋카이도포럼 회원들, 그리고 1997년 유골발굴을 함께했던 홋카이도 주민들의 꾸준한 노력 덕분에 아사지노에서 유골발굴을 시작할 기반이 마련됐다. 나는 지역 사회에 아사지노 발굴을 '국제화' 프로그램의 일환으로 제안한다면 현실화할 수 있으리라 판단했다. 국제적 네트워크가 갖는 장점은 분명히 있었다. 나는 촌장과 마을 주민들을 찾아가 1997년 슈마리나이에서의 유골발굴 경험과 그 의미를 전했다.

"유골발굴은 단순히 한국과 일본의 과거를 파내는 어둡고 무거운 행사가 아닙니다. 젊은 세대들이 만나 교류하고 미래를 함께 이야기하는 역동적인 현장입니다."

촌장과 주민들은 외국인이 와서 무거운 이야기를 꺼낼까 봐 긴장한 분위기였다. 하지만 이야기가 이어지면서 조금씩 표정이 풀리는 것이 느껴졌다. 나는 슈마리나이 발굴 당시 제작된 다큐멘터리 이야기를 덧붙였다.

"이처럼 잘 만들어진 다큐멘터리도 있습니다. 이 유골발굴은 지역 사회에도 매우 긍정적인 의미가 있을 거라 믿습니다."

그렇게 아사지노에서의 유골발굴은 과거사를 들추는 프로그램이 아닌 지역과 세계가 연결되는 국제화 행사로 자리매김하게 됐다. 놀랍게도 촌 행정과 주민들이 전면적으로 협조에 나섰다. 그야말로 마을 전체가 함께 만든 대규모 축제였다. 아사지노가 보유한 공공 인프라를 모두 활용할 수 있었다. 그때 마을에 펼쳐졌던 광경은 지금도 선명히 떠오를 만큼 굉장히 인상적이다.

아사지노 발굴을 시작했을 때, 행사에 참여할 것 같지 않았던 주민들도 시간이 지나면서 자연스럽게 합류했고, 발굴을 통해 한국 참가자들과 어울리면서 가까워졌다. 나중에는 한국을 방문하기도 했다. 그곳에서 함께한 시간은 단순한 발굴 작업을 넘어 축제와도 같은 소중한 경험이었다. 아사지노 유골발굴에 참여한 이들은 한일 정부의 이해관계나 어떤 정치적 입장에 있는 사람들의 주장과는 무관하게 각자의 양심에 따라 울림이 있는 일을 한 사람들이다. 그런 점에서 그들의 선택과 행동이 참으로 귀하다고 생각한다.

　　아사지노는 홋카이도 북단에 위치한 그야말로 오지 중의 오지다. 가장 가까운 도시는 왓카나이시稚內市인데, 이곳도 일본 최북단에 있는 시정촌市町村이다. 아사지노는 왓카나이보다 더 외진 곳에 있다. 슈마리나이와는 또 다른 환경이다. 슈마리나이는 아사히카와시旭川市에서 자동차로 한 시간 남짓 떨어진 곳이다. 아사히카와는 삿포로에 이어 홋카이도에서 두 번째로 인구가 많은 도시로, 오늘날까지도 주요 도시로 기능하고 있다. 하지만 아사지노는 그 중심지에서 훨씬 더 멀리 떨어져 있다. 말 그대로 홋카이도의 '끝'에 자리한 곳이다.

　　그토록 외진 곳이었지만 아사지노 유골발굴은 상당한 사회적 주목을 받았다. 당시에는 지역 주민들은 물론 일본 언론에서도 강제노동 문제에 대한 관심이 높아지고 있었다. 아사지노 유골발굴은 단순한 역사적 사실의 확인을 넘어서는 의미를 갖게 된 것이다. 실제로 많은 일본 취재진이 현장을 찾았고 조동종曹洞宗을 비롯한 여러 불교 종파에서도 깊은 관심을 보이며 발굴에 참여했다. 아사지노 발굴 현장은 전국적이고 국제적인 연대의 장으로 확장되고 있었다.

그때까지만 해도 일본은 중앙 정부 차원에서 유골발굴을 노골적으로 반대하지 않았다. 역사수정주의가 점차 힘을 얻고 조직적인 백래시가 고개를 들기 시작한 시점이었지만, 여전히 사회 전체 흐름은 아시아적 연대와 국제화 쪽으로 향하고 있었다. 그런 분위기 덕분에 아사지노 유골발굴이 가능했다.

### 세우지 못한 희생자 추도비

2006년, 첫 번째 아사지노 발굴에서는 꽤 넓은 면적을 팠다. 많은 인원이 투입돼 대규모로 발굴이 진행됐지만 온전한 형태로 나온 유골은 없었다. 부서진 뼛조각이나 파편뿐이었다. 기대만큼의 성과가 없었다.

그 후에도 몇 차례 발굴이 더 이어졌다. 다만 그때는 규모가 훨씬 작아져 소수의 전문 인원이 발굴하는 방식이었다. 한양대학교 안신원 교수를 중심으로 한 한국의 고고학팀과 홋카이도대학교 고고학 교수 가토 히로후미加藤博文 교수팀이 협력해 작업을 이어갔다. 가토 교수는 유바리夕張 탄광 지역의 역사 교사였던 가토 히로시加藤

博의 아들이었다. 규모는 작지만 이후에도 전문적인 발굴을 계속해 나간 셈이다.

2006년 첫 발굴 당시, 격자 형태로 구역을 나눈 뒤 흙을 실어 나르는 수레가 지나갈 길만 남기고 그 주변을 파는 방식으로 작업했다. 2009년에는 수레를 끌고다니기 위해 남겨뒀던 좁은 길을 파봤다. 그랬더니 안에서 유골이 쏟아져나왔다. 흙을 다룬다는 것이 바로 그런 일이다. 처음에는 넓은 면적을 파도 파편 몇 조각밖에 나오지 않았는데 흙 운반을 위해 일부러 남겨둔 좁은 공간 안에 유골이 밀집돼 있었다. 못이 박힌 뼈, 쪼그린 자세로 발견된 유해, 세 구의 유해가 한 구덩이에 억지로 구겨져 묻힌 모습 등 참혹한 장면이 잇따라 드러났다.

지역 주민들과 쌓인 공감이 있었기에 꾸준히 협조해주는 분들은 있었지만, 처음 발굴 때처럼 지자체 단위에서 주민들의 환대를 받으며 진행하는 발굴은 더 이상 어려웠다. 이후에는 유골만 조용히 발굴해 근처 절에 안치하는 작업이 이어졌다.

일본 우익 세력의 조직적인 항의로 인해 결국 아사지노에는 강제노동 희생자를 위한 추도비조차 세울 수 없었다. 그 배경에는 기막히고 어이없는 일이 있다. 한국 정부 산하 '대일항쟁기 강제동원 피해 조사 및 국외 강제동원 희생자 등 지원 위원회(이하 '강동위')' 측에서 단체 대표가 참석하는 행사를 홍보하기 위해 추모비 제막식 이전에 관련 내용을 한국 언론에 미리 제공했고 이 보도가 일본 언론에 번역·전달돼 기사화됐다.

　　조급한 언론 플레이 때문에 추도는커녕 애써 쌓아온 지역 주민들과의 신뢰마저 흔들렸다. 조용히 준비하던 추도 사업이 일본 내에서 정치적 논란의 중심에 놓이게 됐다. 결국 아사지노 지역 사회도 큰 부담을 느낄 수밖에 없었다. 일본 우익 세력들이 격렬히 반발하면서 조직적으로 아사지노에 항의 전화를 걸고 인터넷을 통해 집중적으로 압박을 가했다. 그동안의 준비가 무너져내렸다. 행정은 마비됐고 예정된 추도비 제막식은 열리지 못했다. 지금 그 추도비는 슈마리나이, 구 광현사터에 옮겨져 있다.

　　지금도 분노를 감출 수 없다. 그렇게 해서는 안 되는 일이었다. 기억과 애도를 정치적 도구로 삼는 순간, 우리는 또 한 번 희생자를 외면하고 정치화하게 된다. 애초에 그들이 의도했던 것이 무엇이었는지, 누구를 위한 사업이었는지를 묻지 않을 수 없다. 한국과 일본의 정치·외교적 관계는 여전히 경직돼 있지만, 언젠가는 다시 아사지노를 찾아가 풀고 싶다는 마음이 간절하다. 우리는 아사지노 주민들과 좋은 기억을 나눴고 지역 사회와도 깊은 신뢰를 쌓아왔다고 믿는다. 그래서 더욱 안타깝다. 지금도 반드시 풀어야 할 과제라고 생각한다.

　　나는 아사지노에서의 발굴이 일본 사회를 계속해서 아시아 차원의 연대와 국제화로 이끄는 계기가 되기를 희망했다. 실제로 많은 일본 시민이 그런 미래를 얼마나 간절히 원하는지를 아사지노에서 내 눈으로 봤다. 도쿄의 코리아타운에 모여드는 한류 팬들만이 아니라 일본 곳곳의 평범한 시민들이 얼마나 순수한 마음으로 한국을 알고 싶어 하고 교류를 바라는지를 직접 경험했다. 그런 일본 시민들까지 혐오와 증오의 정치에 휘말려 있는 현실이 더욱 안타깝다. 나는 정말 좋은 일본 시민들을 많이 만났다. 그리고 그들 또한 해원解冤과 평화, 우정이 실현되는 미래를 꿈꾸고 있다. 그 마음을 나는 지금도 믿는다.

### 대학 강당에 방치돼 있던 유골

1995년 여름의 어느 날, 오가와 선생에게서 편지 한 통이 도착했다. 사진이 동봉되어 있었는데, 한자가 새겨진 두개골 사진이었다. 편지에는 한 아이누 청년이 홋카이도대학교에서 가지고 나온 두개골 중 하나인데 관련 사실을 알아봐달라는 부탁이 적혀 있었다.

홋카이도대학교에는 1909년에 지어진 후루카와 기념 강당古河記念講堂이라는 오래된 건물이 있다. 어느 날, 그곳을 청소하던 아이누 청년이 낡은 상자 하나를 발견했다. 먼지가 쌓인 채 구석에 오랫동안 방치돼 있던 상자였다. 뭔가 이상해서 열어 보니 그 안에 두개골 여섯 개가 들어 있었다. 이 청년은 처음에는 아이누 두개골이라고 생각했다. 당시 아이누 공동체에는 "일본인들이 아이누 두개골을 연구 샘플로 삼고 동물 취급했다"는 이야기가 있었다. 청년은 "이놈들이 또 비슷한 짓을 했구나"라고 생각하고 상자째 모시고 왔다. 그리고 일본이 도굴해간 아이누 유골 반환을 위해 싸우고 있는 오가와 선생에게 연락했다.

"내가 두개골이 든 상자를 홋카이도대학교에서 발견했는데 대학 측에는 알리지 않고 가지고 왔습니다. 그런데 두개골에 먹글씨로 뭐라고 쓰여 있는데 무슨 뜻인지 잘 모르겠습니다."

그 소식을 듣고 내가 청년의 집을 방문했을 때, 아이누 부부는 자신들의 조상이라고 생각해 촛불을 켜놓고 담배도 물려드리면서 정성껏 공양하고 있었다.

홋카이도대학교를 비롯한 학술 기관들은 19세기 말부터 20세기 중반까지 '과학적 연구'를 명목으로 아이누 마을의 무덤을 파헤쳐 유족의 동의 없이 유골을 수집해갔다. 이는 제국주의 인종학이 아이누를 '사라질 민족'으로 낙인찍어 박제화하고 분류하려는 시도의 일환이었다. 아이누의 유골을 수집하고 해부해 두개골 측정, 골격 비교 등을 수행했던 일본 학자들의 활동은 같은 시기 독일 인종학german racial science의 영향을 받았다. 독일 제국은 아프리카 식민지 (특히 현재의 나미비아)에서 헤레로Herero, 나마Nama 민족을 집단 학살한 후 수천 구의 두개골을 수집해 베를린의 박물관과 대학으로 보냈다. 이런 인종적 표본 수집은 학술 목적으로 포장돼 민족적 우월함을 '과학적'으로 정당화하고 식민 지배를 합리화하는 데 사용됐다.

일본 인종학자들은 매장한 지 얼마 되지 않은 아이누의 무덤을 파헤쳤다. 아이누 공동묘지에 경찰을 세워 가족의 출입을 막은 뒤 갓 묻은 시신의 머리만 잘라 가져갔다. 이들은 그렇게 수집한 두개골을 '인종학적 계측' 샘플로 삼았다. 수집된 두개골은 당시 홋카이도제국대학으로 모였고 거기서 도쿄제국대학교, 교토제국대학교 등 다른 제국대학교들로 나뉘어 보내졌다. 네 개, 다섯 개씩 필요한 곳에 표본처럼 나눠줬다. 그러나 대부분의 두개골은 여전히 홋카이도대학교에서 보관했고 그 수는 천 점이 훌쩍 넘었다.

유골들은 처음에 동물 실험실에 있었다. 곰, 늑대의 두개골 옆에 아이누의 두개골이 있었다. 그것을 본 오가와 선생은 충격을 받았고 "우리를 동물 취급하느냐!"며 항의했다. 홋카이도대학교는 결국 두개골들을 따로 모아 주차장 옆에 '아이누 납골당'이라는 이름의 작은 공간을 만들었다. 하지만 그 역시 임시 조치에 불과했다.

아이누 두개골을 수집한 학자들은 '도굴'을 '학술적 작업'이라고 부르며 매우 자세하게 기록을 남겼다. 유골이 어느 마을에서 왔는지, 남자인지 여자인지, 나이는 얼마인지, 몇 구를 가져왔는지 모두 문서로 남아 있었다. 예컨대 유수하라든지 기네우스 고탄杵臼コタン 같은 마을에서 가져온 유골이 몇 점인지와 남녀 구분까지도 확인 가능했다. 누구의 유골인지는 특정하지 못하지만 어느 공동체에서 가져온 것인지는 분명히 알 수 있었다. 기록은 단순한 도굴이 아

니라는 걸 증명이라도 하듯 꼼꼼했다. 후에 이 기록은 유골 반환의 근거가 됐다.

"유골을 고향으로 돌려달라. 이 사람들은 이렇게 실험 대상이 되어 있을 존재가 아니다."

오가와 선생은 유족을 대신해 사과와 유골 반환을 요구했다. 하지만 오가와 선생도 그때까지는 법정 투쟁까지 나아가지 못하고 사회적 문제 제기와 항의의 목소리만 꾸준히 이어가고 있었다.

## 아이누의 후손과 동학 지도자의 후손

오가와 선생이 보내온 두개골 사진에는 붓글씨로 쓴 명치시대의 한자와 가타카나가 보였다. 낡은 필체라 해독하기 쉽지 않았다. 일본학과에서 고문古文을 전공하는 분에게 보여줬더니 번역해줬다.

"朝鮮人, 東学党首魁ナリト伝フ(조선인, 동학당 수괴라 전해짐)."

두개골 안에는 낡은 쪽지 한 장도 들어 있었다.

"전남 진도에서 처형된 동학난 수괴의 효수된 머리를 수습했다."

쪽지를 쓴 이는 사토 마사지로佐藤政次郎였다. 그는 홋카이도대학교의 전신인 삿포로농학교를 졸업한 뒤 전남 목포로 파견된 식민지 농업 지도원으로 면화 재배를 지도하는 일을 맡고 있었다. 어느 날, 그는 진도 읍성 바깥에서 효수된 동학 지도자의 머리를 발견했고 그것을 인종학적 표본으로 삼을 수 있겠다고 판단했다. 그는 머리를 수습한 뒤 자신이 공부했던 삿포로농학교의 인류학 교수에게 쪽지와 함께 두개골을 보낸 것이다.

그 사실을 알게 된 후 이 유골 문제를 어디로, 누구에게로 가져가야 할지 고민했다. 동학의 계승 단체인 천도교가 적절한 창구라고 생각했다. 마침 당시 한양대학교 국문과의 윤석산 교수가 동학사상에 조예가 깊은 이론가였다. 윤 교수에게 그간의 상황을 알렸고, 우리는 함께 천도교 동학회관을 찾아가 관계자에게 지금까지의 경위를 설명했다.

"이 유골은 동학 지도자 중 한 분의 것으로 추정됩니다. 정확한 이름은 알 수 없으나, 정황상 전남 진도에서 효수된 뒤 일본인에 의해 수습돼 홋카이도대학교로 보내진 것으로 보입니다. 현재 홋카이도대학교에서 발견됐고 유골은 이를 발견한 아이누 청년이 보관하고 있습니다."

이 일로 천도교 측은 유골 송환 문제를 공식적으로 제기했고 유골반환운동의 첫 단추가 꿰어졌다.

관련 자료를 찾아보니 당시 동학농민운동과 관련해 진도에서 효수된 인물은 세 명이었다. 그중 한 분이 조도 출신이었다. 나는 박선주 교수와 함께 조도에 사는 동학농민운동가의 후손을 찾아갔다. 조도는 진도에서도 배를 타고 몇 시간 더 들어가야 하는 외딴 섬이다. 그곳에서 만난 후손은 동학농민운동에 연루됐다는 이유로 '몽둥이 박씨'라 불리며 집안 전체가 거의 멸문滅門당했다고 했다. 나라로부터 반역 집안으로 낙인찍혀 후손들이 온갖 차별과 억압 속에 기를 펴지 못하고 살아왔다.

이런 내용 등을 담아 동학 지도자의 유골 문제에 대해 천도교에서 한국 측 보고서를 작성하기로 했지만 결국 흐지부지되고 말았다. 반면, 일본 측 조사 위원회는 매우 체계적이고 꼼꼼하게 보고서를 정리했다.

슈마리나이 유골발굴에 참가했던 구시로단기대학교釧路短期大學의 이노우에 카오리井上薫 교수가 이후 일본 측 조사 위원회인 후루카와 강당 '옛 표본고' 인골 문제 조사 위원회에 참여했다. 이노우에 교수는 위원회 활동 전반에 깊이 관여했으며 보고서 작성을 주도했다. 그가 정리한 보고서에는 유골 발견부터 반환에 이르기까지의 전 과정을 빠짐없이 자세하게 기록돼 있었다. 이노우에 교수는 보고서에서 "홋카이도대학교는 이 유골 문제에 분명한 책임을 지고 한국에 반환해야 한다"고 주장했다. 유골을 반환받는 주체는 한국 정부가 아니고 천도교가 됐다.

유골을 물건처럼 옮기지 않고 제대로 예를 갖춰 봉안하자고 의견이 모아졌다. 일본 내에서 아이누 대표단이 꾸려졌고 오가와 선생이 전통 아이누 복장을 갖춰 입고 공식적으로 봉안 행사에 참여했다. 이 과정을 통해 오가와 선생과 깊은 연대감을 형성했고 동시에 아이누 공동체와도 자연스럽게 연결됐다. 그때부터 우리는 홋카이도에서 유골을 발굴하면서 아이누 땅에서 희생된 조선인, 그리고 그 땅에서 함께 핍박받은 소수민족으로서 연대하게 됐다.

일본 메이지 정부는 홋카이도에서 먼저 아이누 민족의 땅을 빼앗고 창씨개명을 강요했으며 그들의 언어를 박탈하고 동화정책을 시행했다. 이 식민 통치 방식은 이후 대만으로, 그리고 조선으로 이행됐다. 조선총독부가 그 통치 기술을 배운 셈이다. 결국 일본 제국주의와 식민주의 팽창의 첫 번째 희생자는 아이누 민족이다. 그런 점에서 우리는 아이누와 고난의 역사를 공유하고 있으며 이를 극복하는 실천도 함께하고자 했다. 이런 인식하에 우리는 슈마리나이 유골발굴 이후 여러 발굴을 아이누 공동체와 함께했다. 그리고 워크숍의 한 축으로 아이누가 참여해왔다.

### 이름과 신원이 지워진 101구의 유골

이건 문서로 남지 않은 비사祕事다. 증거는 없지만 정황상 사실이라고 믿는다. 1997년, 우리가 슈마리나이에서 유골을 발굴했을 때의 일이다. 그 발굴은 홋카이도 전체, 아니 일본 전역의 언론이 집중 보도한 대사건이었다. 매일같이 뉴스에 등장했고, 아침 방송, 저녁 특집, 심지어 다큐멘터리까지 매체마다 앞다투어 다뤘다.

"오늘 유골 한 구가 더 나왔습니다."

"추모 행사를 진행했습니다."

발굴의 전 과정이 방송을 통해 대중에게 전달됐다. 일본 사회 전체가 알 수밖에 없었다. 슈마리나이 유골발굴이 끝난 직후 삿포로 별원 관계자는 "우리도 조선인의 유골이 몇 구 있습니다. 이걸 어쩌면 좋을까요?"라는 논의를 했다고 한다. 그때 삿포로 별원 책임자가 무슨 미친 기운이 들었는지 이렇게 결정했다.

"처리해버려!"

삿포로 별원은 보관 중이던 조선인 희생자가 포함된 유골 101구를 '합골 처리'해버렸다. 항아리마다 이름이 붙어 있었고 각각 따로 모셔져 있던 유골이었는데, 모든 이름과 신원이 지워졌다.

도노히라가 그 사실을 알게 된 건 나중이었다. 그가 직접 삿포로 별원을 찾아갔고 믿기 힘든 광경을 마주했다. 하나의 항아리 안에 유골이 수북이 쌓여 있었다. 유골 색이 그대로였던 걸 보면 합골한 지 얼마 안 된 것이 분명했다. 그는 말을 잇지 못하고 한참을 그 앞에 서 있었다고 한다.

조선인 강제노동 희생자 유골 문제가 일본 사회에서 큰 이슈로 떠오르자 반응은 둘로 갈렸다. "우리도 유골이 있습니다"라고 문제를 드러내는 쪽이 있었고 "처치 곤란이다, 그냥 없애버리자"는 쪽도 있었다. 삿포로 별원은 후자를 선택했다.

삿포로 별원에 합골돼 있는 유골을 어떻게 할 것인지 논의가 시작됐다. 그 유골들은 이미 유족이 확인된 상태였다. 도노히라는 유족들을 직접 찾아다녔다. 그리고 삿포로 별원의 합골 문제를 사회적 쟁점으로 계속 끌어올렸다. 그렇게 합골된 유골 문제를 본격적으로 다루기 위해 결성된 단체가 앞서 잠깐 언급한 '홋카이도포럼'이다. 공동 대표로 총련 쪽에서는 채홍철 선생이 참여했고 민단 회장과 화교 회장도 함께했다. 중국에서 끌려왔던 사람도 이름을 올렸다. 그리고 도노히라도 공동 대표로 들어갔다.

이렇게 홋카이도포럼이라는 다국적 배경의 공적 기구가 만들어졌다. 총련, 민단, 화교, 일본 시민 사회 인사들이 함께한 조직이었다. 기구가 꾸려지니 한국 총영사관도 더는 외면하지 못했다. 일은 점점 공적이고 국제적인 차원으로 발전해갔고 삿포로 별원에서 관련 행사를 계속 마련했다. 이것은 삿포로 별원 측에 문제의 책임과 해결을 촉구하는 메시지이기도 했다. 도노히라가 요구하면 삿포로 별원은 거절할 수 없었다. 그는 이미 문제의 핵심을 쥐고 있었다. 니시혼간지가 덮으려 했던 진실을 그가 드러낸 것이다.

도노히라는 삿포로 별원에서 벌어진 합골 문제를 그냥 넘길 사람이 아니었다. 게다가 일본 현지에서는 홋카이도포럼이 결성되면서 "책임을 규명하라"는 시민 사회의 목소리가 높아지고 있었다.

실제로 유족의 동의 없이 유골을 처리한 것은 명백한 인권 문제였다. 나와 도노히라가 종종 쓰는 방식이 있었는데 이럴 때는 국제적인 연대로 문제에 대응했다. 내가 직접 일본에 가기도 했다. 대학 교수라는 신분이 갖는 장점은 이럴 때 발휘된다.

나는 삿포로 별원 관계자에게 단호하게 말했다.
"이건 단순한 일이 아닙니다. 반드시 문제 삼겠습니다."
그리고 이어 강조했다.
"이것은 시간을 두고 천천히 풀 수 있는 문제가 아닙니다."
이 과정에서 삿포로 별원은 완전히 개방됐다. 워크숍이라고 하면 누구든 별원에 접근하도록 했고 우리는 그 공간에서 모든 행사를 열었다. 실제로 삿포로에서는 별원만큼 좋은 장소가 없었다.

### 정태춘의 〈징용자 아리랑〉

2004년 2월, 정태춘 선생이 홋카이도포럼의 초청을 받아 삿포로 별원에서 공연을 했다. 그날의 무대는 단순한 공연이 아니었다. 마치 역사의 한 페이지가 눈앞에 펼쳐지는 듯한 체험이었다. 노래 한 소절에 스민 시간의 무게가 객석을 감쌌다. 관객들은 함께 의미를 나누며 울었다. 나도 끝내 눈물을 참지 못했다. 그것은 단순한 음악이 아닌, 망각 속에 가라앉은 기억을 되살리고 상처 난 마음을 어루만지는 하나의 의례였다.

　　그 자리에 리영희 선생도 발표자로 함께했다. 정 선생에게 "리영희 선생님도 가시니까 함께 가보시죠" 하며 은근히 권유했다. 조금은 꼬드긴 셈이다. 나는 정 선생의 음악에 감탄하고 있었지만, 그토록 놀라운 창작력을 지닌 사람인 줄은 모르고 있었다.

　　공연 전날 조잔케이온천定山溪溫泉에 들르자고 했다. 리영희 선생도 계시고 눈 덮인 온천에서 잠시 쉬었다가 공연하면 좋겠다고 생각했다. 그리고 사례도 넉넉히 못하는 형편에 그나마 작은 선물이 될까 싶었다. 정 선생은 그 와중에 일본어를 물었다.

　　"이거, 발음은 어떻게 해요?"

　　정 선생은 이번 행사를 앞두고 한국에서 특별히 〈징용자 아리랑〉이라는 곡을 지었다. 그리고 밤사이 그 노래에 실린 감정에 따라 새로운 시를 썼다. 놀라지 않을 수가 없었다. 평소 하던 노래 몇 곡 불러주시겠지 생각했는데 하룻밤 동안 새로운 창작물을 완성해 무대에 올리는 사람을 본 것이다. '엄청난 창작력이 있는 사람'이라고 느꼈다. 그날 이후 정태춘은 내게 단순한 '가수 친구'가 아닌 존경스러운 존재로 자리 잡았다.

　　삿포로 별원에서 열린 공연은 박은옥 선생, 아이누 예술가, 일본 가수, 조선학교 선생님이 함께 꾸민 무대였다. 정 선생은 〈그들이 온다〉 낭독을 시작으로 〈징용자 아리랑〉을 불렀다. 가사 하나하나가 가슴을 파고들었다. 객석은 조용히, 그러나 깊이 울었다. 그날 우리는 단순히 공연을 본 것이 아니었다. 온몸으로 역사를 느꼈고 함께 기억했다.

## 그들이 온다

죠쟝케定山渓 그랜드 뷰 호텔

지하 욕탕물은 펄펄 끓고

신관 1171호 창 너머로

흰 눈 덮인 서너 산봉우리들이

우두커니 날 바라보고 있다

객실

닫힌 창문 안으로도 일본 까마귀 소리

온천 마을 따뜻한 계곡 물소리가

하염없이 들리고

눈 속에 파묻힌 여기 산간 마을에

아침 눈이 또 내리고 있다

홋카이도北海道


내일모레

그들이 온다

북방 섬 홋카이도

비행기만 타고 다녀서는

위도를 잘 모르겠구나

이 얼마나 먼 섬이냐

동경에서도, 서울에서도


그들이 온다

아이누ァィ㇇의 땅에

수백 수천의 강과 시내川가 겨우내

백양나무숲 사이로 눈 녹이며 흘러

동해 일본해 또는, 북태평양으로 빠져나가는

아이누의 땅에 그들이 온다

리영희李泳禧가 오고, 고이즈미小泉가 온다


삿포로札幌

시내市內, 길 옆으로 밀어붙인 눈더미들 저리 높은데

북방 오지

아이누마저 찾지 않았을 심심산골

버려진 자들의 주검 위에 덮인 눈은 오죽 두터우랴

봉분도 없이, 묘비도 없이 묻혀버린,

지금은 뼈만 남은 스가와라쿠미 菅原組의

죠센징 朝鮮人, 타코베야 タコ部屋 노동자들


"어머니, 여긴 너무 멀어요

유바리 夕張

제국의 탄광 수천 미터 갱도 끝에서 개스가 차고, 불꽃이 터지면

간단하게 갱도 입구를 폭파해버리고

제국의 군속 새 인부들이 이내

그 옆에 새 갱도를 뚫는

여기 산간벽지의 노동이

너무 벅차요"


그들이 왔다

2004년 2월 1일

홋카이도

천황의 저수지 슈마리나이朱鞠內 댐 공사 중

달아나는 자들은 산골짜기에서 총살을 당하고

병든 자, 다친 자들이 하나둘씩 쓰러지면

애기 무덤만한 구덩이에 쪼그려 앉힌 채 묻힌다

저항자, 또 그러다 린치당한 자들이 쓰러지고

매질 고문에 또 쓰러지고

거대한 제방

차곡 차곡 올라가는

콘크리트 가다와꾸型枠 속으로 사라진다


"어머니, 우린

그렇게 죽었어요"


더러 산 자들이

그때를 더러 잊고


더러, 그때를 피눈물로 고발해도

반도는 아직 잠에서 깨어나지 못하고

일본

천황보다 지존한 자본이

통한의 역사, 분노의 역사를 다시 파묻고


고이즈미가 왔다 아사히가와旭川

이라크 파병

제국의 수호자 니혼日本 자위대

미국의 연맹군으로 조직되고

여기 홋카이도에서 출정한다

그들의 단기를 하사하기 위해

천황을 대신하여

고이즈미가 왔다

야스쿠니 신사靖國神社 참배

전범들에게 조아린 머리

그 흰머리를 휘날리며

오늘, 그가 왔다


"그런데, 어머니

우리들의 평지 무덤

누군가 파헤치고 있어요

원한에 곰삭지 못한 육신

뼛마디 마디로 파내어, 거기

누군가 절을 하고

향을 피우고 있어요"


리영희가 왔다

아이누의 땅에

천황의 식민지에, 원혼들의 무덤에

슬픈 역사 파헤치는

여기 산 자들, 선의의 산 자들

홋카이도포럼에 그가 왔다

한 손에 갈색 지팡이를 잡고

한반도 아니, 동북아 아니, 인류의

추악한 현대사와 함께 늙어온

그의 고운 아내와 함께

칠순 노구 그러나,

아직은 형형한 눈매로

"더욱 깊이 삽을 찔르라우

더욱 깊이 땅을 파라우

더욱 깊이 역사를 파내라우, 진실을 파내라우

아름다운 이들이여"

죠도신쥬淨土眞宗 삿포로 베츠인別院

지하 납골당 1159호

101인의 합골함 속에

김익중 金益中

스물두 살 반도 땅 고창의 젊은 사내

아직은 딱딱한 뼛조각들로 살아 있다


"어머니,

저 익중이외다

그때 그렇게 죽어

여기 아직 저승으로 떠나지 못하고 있구만요

납골당 항아리 속이 너무 답답하구만요"

리영희도 운다

그의 아내와

"여러분, 민단, 조총련, 츄코쿠징 中國人, 아이누, 와징 和人

아름다운 벗들

홋카이도포럼 멤버 여러분

고맙수다

저들의 신음과 통곡 소리

여태 들리누만

여태 들리누만"


그들이 왔다

홋카이도, 2004년 2월 1일

두 개의 깃발로 왔다


여기

섬에도 산맥이 있어 너무나 먼 땅

외진 풀밭 속

버려진 원혼들이 모두

부르르 몸을 떤다

눈더미 흔들리게 모두

부르르

몸들을 떤다

## 징용자 아리랑 "달아, 높이곰"

달아, 높이나 올라 이역의 산하 제국을 비추올 때
식민 징용의 청춘 굶주려 노동에 뼈 녹아 잠 못 들고
아리 아리랑, 고향의 부모 나 돌아오기만 기다려
달아, 높이나 올라 오늘 죽어 나간 영혼들을 세라

달아, 높이나 올라 삭풍에 떠는 내 밤을 비추올 때
무덤도 없이 버려진 넋들 제국의 하늘 떠도는데
아리 아리랑, 두고 온 새 각시 병든 몸 통곡도 못 듣고
달아, 높이나 올라 내 넋이라도 고향 마당에 뿌려라

아리 아리랑, 버려진 넋들 고향에 돌아가지 못하고
달아, 훤히나 비춰 슬픈 영혼들 이름이나 찾자
고향엘 들러야 저승길 간단다
달아, 높이곰 올라라
달아, 높이곰 올라라

한국과 일본의 시민단체는 2015년 추석 무렵 일제 강제노동 조선인 희생자의 유골 115구를 고국으로 모시고 왔다. 제2차 세계대전 중에 일본 홋카이도의 탄광, 항만, 비행장, 댐 공사장으로 끌려간 지 70여 년 만이었다. 1997년부터 2014년까지 일곱 차례의 발굴로 슈마리나이 우류댐과 아사지노 일본군 비행장 공사장에서 수습된 강제노동 희생자의 유골 39구는 발굴 현장 주변의 일본 사찰에 보관했다. 유골발굴 사실이 일본 언론을 통해 널리 알려지면서 홋카이도 지역의 여러 사찰에서 무연고 조선인 유골의 존재를 알려와서 백여 구의 유골을 추가로 수습했다. 광복 70주년을 기념하던 2015년, 홋카이도에서 유골발굴을 시작한 지도 18년이 됐다. 그동안 확인한 강제노동 생존자와 유족 들이 하나둘 세상을 떠나고, 중장년이었던 형제들도 여든, 아흔의 노인이 됐다. 이제 그 억울한 희생에 대한 기억도 사라져가고 있었다. 유족 중에는 희생 현장의 흙 한 줌이라도 선산에 묻어드려야 눈을 감겠다는 사람도 있었다.

_〈기억과 추모의 공공인류학〉 중에서

# 6장 유골 115구의 귀환

삶과 죽음을 어떻게 기억할 것인가

## 유골의 사연과 미완의 숙제

1997년, 슈마리나이에서 발굴한 네 구의 유골 중 두 구는 일본인 희생자로 확인됐다. 유골 곁에서 함께 나온 도장이 실마리가 됐다. 그 이름을 매장, 화장 명부와 대조해 사망자를 확인했고 유족을 찾을 수 있었다.

유족에 따르면 한 분은 사회주의자였다고 한다. 가족들은 그가 만주나 시베리아로 간 줄로만 알고 있었고 홋카이도에서 생을 마감했으리라고는 전혀 예상하지 못했다. 그분이 왜 그곳에서 그런 죽음을 맞게 됐는지 가족들도 제대로 아는 바가 없었다. 그런데 그 이야기를 듣고 나서야 우리는 당시 타코베야 노동자가 단순히 사회 하층의 사람들만을 뜻하는 것이 아니었음을 이해했다. 정치적으로 억압받았거나 자신의 정체를 숨겨야 했던 사람들, 그리고 여러 이유로 인해 사회의 주변으로 밀려난 이들이 타코베야까지 흘러들어 갔던 것이다. 그런 맥락 속에서 한 희생자의 조카였던 분은 이후 몇 년간 워크숍에도 참여했다.

　　나머지 두 구의 유골은 매장 방식이 확연히 달랐다. 보는 순간, "아, 이건 조선 사람이다"라고 우리는 거의 확신하듯 그렇게 추정했다. 이후 두 구의 유해를 한국으로 모셔왔다. 그때는 박선주 교수의 연구실이 있었기에 우리는 그곳에서 DNA 샘플을 채취하고 유골 처리를 맡길 수 있을 것이라 기대했다. 하지만 한국으로 유해를 모신 후에도 DNA 검사는 쉽지 않았다. 유족을 몇몇 찾긴 했지만, 그때는 DNA 확인이 지금처럼 간단한 작업이 아니었다. 혈액을 뽑아야 했고 비용도 만만치 않았다. 박 교수 말로는 국군 유해 발굴 기준으로 한 구당 몇백만 원이 든다고 했다. 기술도 시스템도 지금과는 달랐다. 무려 25년 전의 일이다. 우리는 DNA 검사도 제대로 시도하지 못한 채 유골을 어떻게 해야 할지 고민만 계속했다. 유골은 박 교수의 연구실에 임시로 안치돼 있었고 발굴된 유골 가운데 온전히 수습되지 못한 것도 있었다. 아무것도 뚜렷이 진전되지 못한 채 시간만 흘렀다.

### 안 된다는 말만 하는 정부 기구, 본질을 외면한 보상 기관

　　1997년과 2001년, 일본 홋카이도 슈마리나이에서 발견된 조선인 희생자의 유골을 한국으로 모시고자 한국 정부 관련 기관에

"우리가 직접 봉환하겠다"는 뜻을 전했다. 그러나 "민간 차원에서 함부로 하지 말라"는 답이 돌아왔다. 우리는 제도적 뒷받침이 마련되기를 기다릴 수밖에 없었다. 그사이 첫 정부 기구인 '일제 강점하 강제동원 피해조사 위원회(이하 위원회)'가 출범했다. 1990년대 말부터 2000년대 초반까지 피해자와 희생자 유족 들은 소송을 제기하고 거리에서 호소하며 국가가 공식적으로 나서달라고 외쳤다. 목소리가 점점 커지자 정부도 외면할 수 없었고, 결국 2004년 3월 국회에서 〈일제 강점하 강제동원 피해 진상규명 등에 관한 특별법〉이 제정됐다. 그 법을 근거로 마침내 위원회가 출범한 것이다. 위원회의 설립에는 일제 강제노동 피해자들과 유족 단체들의 끈질긴 요구와 눈물겨운 노력뿐만 아니라, 슈마리나이 유골발굴 사례도 결정적인 영향을 미쳤다고 나는 생각한다.

위원회가 구성될 무렵 나에게도 함께하자는 제안이 들어왔다. 하지만 나는 관련 분야 전문가가 아니라고 생각했고, 남북어린이어깨동무 사업 하고 있었기에 참여하지 않았다. 위원회 구성을 보니 대부분 역사학이나 국제법 쪽 전문가였다. 유골 문제를 다루려면 체질인류학이나 고고학 전문가도 꼭 필요하다고 생각해서 박 교수를 추천했다. 하지만 제안은 받아들여지지 않았다.

예산이 잡히고 기구가 만들어지면 그걸 중심으로 하나의 생태계가 생기기 마련이다. 관심 있는 사람들이 순식간에 모여들었고 우리 같은 현장 활동가와 전문가 들은 밀려나기 시작했다. 위원회가 국무총리실 소속 정부 기구로 구성되자 공무원 출신 '낙하산' 40여 명이 줄줄이 들어왔다.

도노히라와 나는 위원회 쪽에서 여러 차례 연락을 받았다. 나더러 자문위원으로 참여해달라고도 했다. 그래서 한 번은 도노히라와 함께 위원회를 찾아갔다. 회의 테이블에 앉은 공무원들과 관계자들이 우리의 제안을 듣고 "그건 안 됩니다", "곤란합니다"라는 말만 반복했다. 나는 결국 소리를 지르고 말았다. 웬만하면 목소리를 높이지 않는데 정말 참을 수가 없었다.

"정부에서 드디어 기구가 만들어진다기에 기대가 컸습니다. 우리는 유골발굴과 봉환을 위해 자발적으로 돈을 내고 시간을 내면서 민간이 할 수 있는 일을 다 하고 있습니다. 그런데 당신들은 지금 그 일을 하겠다고 이런 기구를 만들어놓고 예산과 인력도 있으면서 제대로 하지 못하는 것 아닙니까? 아니, 애초에 제대로 할 생각조차 없는 거 아닙니까?"

그렇게 말하고 나왔다. 호되게 질러댔으니 나를 좋아할 리 없었다. 도노히라는 자문위원으로 위원회에 들어갔고 나는 하지 않겠다고 했다. 회의에 참석해달라는 연락이 와도 "안 갑니다!"라고 거절했다. 그 뒤로 위원회 일에 일절 관여하지 않았다.

위원회는 어지간한 기업도 들어가기 어려운 광화문 한복판에 있는 엄청난 빌딩에 자리를 잡았다. 사무실 월세만 해도 상당했을 것이다. 그렇게 막대한 예산과 인력을 들여 만든 기구였지만 해체될 때까지 이룬 게 별로 없다는 게 내 솔직한 의견이다. 홋카이도 현장에 갈 때면 위원회 '높으신 분'들은 비즈니스석을 타고 삿포로 5성급 호텔에 묵었을 거다. 출장비도 챙기면서. 그런 모습을 보면 자비로 자발적으로 현장에 뛰어들었던 우리 같은 사람들은 화가 날 수밖에 없다. 더군다나 그들이 했던 일은 우리가 민간단체로서 홋카이도에서 했던 수준에도 미치지 못했다. 국가 기관이라는 틀과 권위를 갖고도 결국은 형식적 행정 업무뿐이었다.

그런 자리에 내가 들어간들 바꿀 수 있는 게 있었을까? 애초에 내가 거기서 뭔가를 할 수 있을 거라고 믿지 않았다. 그곳에서 우리의 진심이나 경험 같은 건 중요할 리 없었다. 결국 모양만 갖춰놓고 "이런 사람도 함께합니다"라는 식의 구색 맞추기용 팻말로 써먹는 데 불과했을 것이다. 형식적인 회의에 불려가 몇 마디 하면 기록으로 남긴 뒤 실제 논의는 따로 하고 결정은 이미 되어 있었을 것이다. 나는 이 과정을 여러 기관에서 너무 많이 겪어봐서 더 이상 끼어들고 싶지 않았다. 애초에 그들과 우리는 바라보는 방향이 달랐다.

도노히라는 한국의 여러 정부 기관이나 단체와 관계를 맺으며 마음 상하는 일을 참 많이 겪었다. 2008년, 아사지노 추모비 건립 문제도 그중 하나였다. 하지만 도노히라는 일본인으로서, 그리고 일본 시민단체의 일원으로서 강제노동이나 한일 과거사 문제를 다루는 한국 정부의 공식 기구를 무시할 수 없었다. 나처럼 "이건 아니다", "당신들 잘못하고 있다" 하고 목소리를 높일 수가 없었다.

한국에서 누가 온다고 하면 형식적인 방문인 줄 뻔히 알아도 일일이 안내했다. 홋카이도에 출장 온 기관 관계자들이 대충 둘러본 후 사진 몇 장 찍고 삿포로에서 며칠 놀다가 돌아가는 걸 보고도 그는 묵묵히 역할을 감당했다. 나는 "그딴 거 상대 안 합니다!"라고 말할 수 있었지만 도노히라는 그럴 수 없었다. 누가 왔다가 가면 또 새로운 사람이 기본적인 공부도 안 한 상태로 관광 오듯이 와서 똑같은 질문을 했다. 그렇게 또 다른 이가 왔다 가는 일이 반복됐다. 현장에는 형식적으로 들르고 삿포로에서 몇 날 며칠 놀다 간다는 얘기도 심심찮게 들렸다. 그런 방문이 반복될수록 실망이 커졌다.

정부 기구에는 예산, 인력, 전문가가 있으니까 우리 같은 자발적 활동보다야 훨씬 체계적이고 지속적으로 일할 것이라고 기대했다. 우리는 개인 사정이 생기면 흩어지기도 하고 기록도 남기기 버거울 때가 많았다. 그런데 체계와 자원을 가진 정부 기관이 결국 '보상'에만 초점을 맞춘 기구로 바뀌어가는 걸 보면서 마음 한구석에 깊은 우려가 생겼다.

1965년 체결된 '한일 협정'에서 일본이 한국 정부에 경제 협력 자금 몇억 달러를 건네고 양국 간의 모든 청구권 문제가 "완전히, 그리고 최종적으로 해결됐다"고 선언했다. 당시 한국 정부는 그 돈으로 나라를 일으키고 경제를 살리겠다고 했지만, 강제노동 피해자와 유족은 외면당했다.

하지만 시간이 지날수록 강제노동 피해 문제는 국가 차원에서 더 이상 기피할 수 없는 과제로 떠올랐다. 2005년, 한일청구권 협정 관련 외교문서 공개를 계기로 구성된 '한일회담 문서공개 후속대책 관련 민관공동 위원회'는 "한일 청구권 협정 이후에도 개인의 손해배상 청구권은 남아 있다"는 점을 분명히 했다. 이 결정은 2007년 〈태평양전쟁 전후 국외 강제동원 희생자 등 지원에 관한 법률〉 제정으로 이어졌고, 정부는 이를 근거로 강제노동 피해자와 유족에게 금전적 보상을 시작했다.

하지만 정부가 금전적 보상을 하려면 피해자와 유족의 신고를 받아 피해 판정을 내려야 했다. 결국 위원회는 강제노동 피해자와 유족을 심사하고 피해 규모를 판단해 보상금을 지급하는 기능을 중심으로 한 행정 기관이 되고 말았다.

"피해 사실을 증명하세요."

"이 정도면 얼마밖에 안 됩니다."

그 방식이 피해자들에게 얼마나 큰 모멸감을 줬을지 쉽게 짐작할 수 있다.

일본 정부와 협상해 강제노동 현장에 남아 있는 유골을 파악하고 모시고 오는 일 역시 위원회의 중요한 업무 중 하나였다. 위원회는 그 활동에서 시작됐지만, 시간이 흐르면서 보상 업무가 훨씬 더 커졌고 정작 일본 내 유골 조사 및 반환은 뒷전으로 밀렸다. 게다가 유골 봉환 문제에 대해서는 "위원회가 일괄적으로 처리할 테니 개별적으로 하지 말라"고 하며 민간의 활동을 묶어버렸다. 일본 정부와 협상도 했다지만 관계가 좋았다 나빴다를 반복하며 결국 풀지 못했다.

그렇게 일이 지지부진하던 때 이명박 정부가 들어섰고 대통령이 독도를 방문해 당시 일왕이었던 아키히토에게 식민지 지배에 대한 사과를 요구하면서 일본 정부와의 관계는 완전히 막혀버렸다. 그때부터 한일 정부의 협상을 통한 유골 문제 해결은 아예 불가능해졌다. 그 뒤 위원회는 "일본 정부와 협상이 잘 되기 전에는 유골 문제를 해결할 수 없습니다"라는 태도로 나왔다. "그건 안 되는 일이 됐습니다"라며 손을 놓아버린 것이다.

### '누구의 유해인가'도 중요하지만

슈마리나이에서 시작된 유골발굴은 그 뒤로도 몇 차례 이어졌고 인근 사찰에 유골을 임시로 모셔뒀다. 삿포로 별원에서 합골한 유골도 그대로 남아 있었고, 강제노동 현장 인근 사찰이 장기간 보관하던 유골도 있었다. 비바이 탄광 근처 절에서는 "우리 절에도 유골이 있습니다. 본적지까지 있는데 수십 년째 그대로 보관하고 있습니다"라고 말해줬으나 마땅한 해결책이 없었다.

그 무렵 우리가 찾아놓은 슈마리나이 우류댐 건설 희생자 명부가 있었다. 희생자의 창씨명과 한국 내 주소로 어디 출신인지까지 비교적 자세히 확인할 수 있었다. 마침 한국 위원회에서도 희생자 유족의 신고를 받았기 때문에 일본 명부와 비교해서 전보다 유족을 더 많이 찾을 가능성이 커졌다. 하지만 어떤 유골이 누구의 것인지 특정할 수가 없었다. 희생자의 이름과 주소지까지는 알았으나 정작 유골과 연결되지 않는 경우가 많았다.

그런 가운데 기억에 남는 유족 어르신 한 분을 만났다. 그분 부친의 유해는 삿포로 별원에서 다른 유골들과 함께 합골된 상태였다. 경상도에 대대로 내려오는 선산에 조상 묘가 몇 대씩 자리 잡고 있는데 아버지 묘만 빠져 있었다. 그 어르신은 자신이 아버지 밑으로 들어가야 하는데 아버지 무덤이 없는 상태로는 도저히 그렇게 할 수 없다고 했다.

그런데 삿포로 별원의 합골 유해를 받아오자는 의견에 대해 유족들 사이에서 논란이 많았다. 어떤 유족은 "누구 유골인지 알고 받아오느냐"며 반대했다. 이는 한국 정부의 기본 입장이기도 했다. 그래서 삿포로 별원의 합골 유골 문제는 논쟁만 반복되고 있었다.

이분 생각은 달랐다.

"선산에 아버지 무덤 자리를 비워둔 채 제가 그 밑으로 들어갈 수가 없습니다. 삿포로 별원에서 합골된 그 재 한 줌만 주신다면, 아버지의 유골로 모시고 제가 그 아래에 들어가겠습니다."

그 이야기를 들었을 때 이것이 단순히 누구의 유골인지를 밝히는 문제만이 아니라는 걸 새삼스럽게 깨달았다. 그래서 유교적인 장례 풍습에 밝은 분에게 여쭤봤다. 그는 이렇게 설명했다.

"옛날에는 전란이 많아서 돌아가신 분의 유골을 확보하기 어려운 경우가 많았습니다. 그런 상황에서는 돌아가신 근처에서 흙 한 줌을 가져와 가묘를 만들고 그 자리를 조상의 무덤으로 삼아 후손이 묘를 이어가기도 했습니다."

유족 어르신은 바로 그런 감각으로 합골된 재를 한 줌만 받고 싶다고 한 것이다. 과학적으로 '누구의 유해인가'를 규명하는 일보다 그 사람의 삶과 죽음을 어떻게 기억할 것인가의 문제일 수 있겠다는 생각이 들었다.

엄격한 유교 장제 속에도 그런 예외적인 상황에 대한 길이 열려 있었다. 비상한 시대, 낯선 땅에서 생을 마친 이들에 대한 추모 방식이 꼭 하나로만 존재하지 않는다는 것을 깨달았다. 그렇다면 홋카이도 강제노동 현장에서 돌아가신 분들의 유골도 문화적이고 의례적인 차원에서 기억하고 추모할 수 있는 방식으로 모셔야 하지 않을까 하는 생각이 들었다.

## 그분들이 왔던 길로 되돌아갑시다

2013년 8월 22일, 히가시가와쵸東川町 유골발굴이 끝나고 참가자들은 슈마리나이 사사노보효전시관(구 광현사)으로 자리를 옮겼다. 그날 밤 우리는 지금까지 발굴한 강제노동 희생자의 유골을 어떻게 할 것인지 토론했다. 유골을 유족에게 돌려줄 책임은 발굴한 우리에게도 있었다. 논의는 새벽까지 이어졌고 진지한 이야기가 오갔다. 그때 리츠메이칸대학교立命館大學의 송기찬 교수가 조심스럽게 말을 꺼냈다.

"이제 어떻게 할 겁니까? 슈마리나이에 남은 유골도 있고 아사지노에 있는 유골도 마찬가지입니다. 아사지노에는 추모비도 제대로 세우지 못한 채, 유골은 여전히 절에 보관돼 있고 우린 계속 발굴만 반복하고 있지 않습니까. 정작 그분들을 한국으로 모셔오는 일은 못 하고 있습니다."

그는 한 걸음 더 나아가 제안했다.

"이 유골을 모시고 그분들이 끌려왔던 길을 따라 되돌아서 한국으로 모셔가는 것은 어떨까요?"

파격적인 제안이었다. 현장에 있던 이들 중 일부는 격하게 반발했다.

"유골을 무슨 전시품처럼 여기는 게 아닌가요?"
"유골을 들고 돌아다닌다는 게 말이 됩니까?"

반대가 쏟아져 제안은 받아들여지지 않았다. 하지만 그의 제안은 몇 사람의 마음속에 남았다. 시간이 흐르면서 '그렇게 할 수도 있겠구나' 하는 생각이 퍼져나갔다. 도노히라도 그중 한 사람이었다.

"아…… 그렇게 하면 되겠구나."

그는 그 말을 붙잡았다.

결국 유골을 봉환해야 한다는 확신이 생겼다. 물론 쉽지 않았다. 유골은 여전히 사찰에 보관돼 있었고 한국 정부는 뚜렷한 움직임을 보이지 않았다. 유족이 살아 있는 경우에도 정부 차원의 정식 절차를 기대하기 어려운 상황이었다. 민간에서라도 움직일 수밖에 없다는 결론에 이르렀다. 그때까지 워크숍이 관여한 강제노동 희생자 유골 가운데 한국 출신으로 판단했지만 반환하지 못하고 있는 유골이 있었다. 본원사 삿포로 별원 합골 유골 71구, 슈마리나이 발굴 4구, 아사지노 공동묘지 발굴 34구, 비바이시 죠코지常光寺 안치 6구 등 총 115구였다.

## 과거는 '덮고 갈' 수 없다

마침 광복 70주년이었다. 처음부터 큰 규모의 일을 구상한 것은 아니었다. 그러나 그해 한일 양국 정부가 내놓은 과거사에 대한 입장은 우리를 자극하기에 충분했다. 박근혜와 아베가 나서서 "과거는 덮고 미래로 가자"고 선언했다. 박근혜와 아베 정부가 손잡고 과거를 넘기려는 상황은 우리에게 경고처럼 다가왔다. 전후 보상과 사죄를 덮고 "이제는 미래로 가자"고 선언하는 목소리가 점점 커지면서 힘을 받기 시작했다.

　　일본은 안보법 통과를 계기로 전쟁 가능 국가로의 변신을 꾀했고 한국 정부 역시 일제강점기 문제를 서둘러 '처리'하려는 쪽으로 방향을 잡았다. 일본군 '위안부' 문제를 포함한 모든 역사 문제를 덮고 넘어가려는 시도가 노골적이던 때였다. 우리는 절박했다. 이 문제는 덮을 수 없는 일이라는 것을 보여주고 싶었다. 유골발굴이 단지 과거의 흔적을 파내는 일이 아니라 오늘의 기억 투쟁이 돼야 한다는 생각이 확고해졌다. 그동안 함께해왔던 동지들과 뜻을 모았다.

　　"이제는 우리가 유골 봉환을 해야 할 때입니다."

　　그렇게 광복 70주년을 맞아 그분들이 끌려갔던 길로 되돌아오는 '70년만의 귀향' 준비에 들어갔다.

　　나는 유골 봉환이 '담합 세력'에 맞서 단지 몇 구의 유골을 모시는 일이 아니라 "이 문제는 그렇게 정리될 수 없다"는 것을 사회적으로 제기하는 계기가 되겠다고 생각했다. 그래서 봉환 여정을 단순한 이동이 아닌 하나의 사회적 실천으로 기획하기로 했다. 희생자들이 지나갔을 일본의 주요 도시를 거치며 추모회를 열고 길 위에서 기억을 환기시키고자 했다. 적어도 열흘은 잡아야 했다. 처음에는 기간을 조금 더 짧게 잡으려고 했다.

　　나는 그 무렵 미국 일리노이대학교에서 주는 동문상을 받으러 가는 비행기 안에서 영화 한 편을 봤다. 바로 〈셀마 Selma〉였다. 영화 속 마틴 루터 킹Martin Luther King Jr.의 행진을 보며 문득 간디Mahatma Gandhi의 '소금 행진salt march'이 떠올랐다. 비행기 안에서 하나의 그림이 그려졌다.

"아, 이건 단순히 유골을 어디로 옮기는 행위가 아니라 그 존재와 함께 행진하는 과정이어야 하는구나. 기억을 품고 길을 걸으며 존재를 사회적으로 드러내는 여정이 돼야겠다."

방향을 정했다. 삿포로에서 비행기를 타고 바로 한국으로 향하는 것이 아니라 도쿄, 오사카, 교토, 히로시마, 시모노세키까지 일본 열도를 남북으로 관통하는 '기억의 길'을 만들기로 했다. 이 여정 자체가 하나의 사회적 발신이 되기를 바랐다. 혹시라도 누군가 미리 알아서 길을 막는다면 그 자리를 문제 제기의 자리로 만들기로 했다.

"이 존재는 당신들이 덮고 갈 수 있는 존재가 아니다."

그걸 사회적으로 보여주는 것이 봉환의 더 큰 목적이라고 생각했다. 그래서 서두르지 않기로 했다. 효율보다는 속도 조절을 택했고, 중간중간 멈춰서 발언하고 함께 추모하면서 사회적 메시지를 만들어가기로 했다. 이것이 단지 유골의 이동이 아니라 존엄의 회복을 위한 행진이라고 믿었기 때문이다.

## 묘역을 마련하다

한일 양국 정부가 "과거는 덮고 미래로 가자"고 하는 분위기에서 유골을 모셔오겠다는 행위 자체가 쉬운 일은 아니었다. 언제, 어디서 여정이 막힐지 모르는 상황이었다. 실제로 우리가 어떤 유골을 몇 구나 모셔올 수 있을지, 그리고 어디에 안치할 수 있을지도 분명치 않았다. 다만 "모실 수 있는 유골은 모시자"는 것이 우리가 세운 유일한 원칙이었다.

처음 떠올렸던 장소는 충남 천안 국립 망향의 동산이었다. 이미 2009년, 2010년, 2012년에 걸쳐 일본에서 민간단체가 발굴한 조선인 강제노동 희생자의 유골이 그곳에 안치된 전례가 있었다. 우리도 그 가능성을 타진하고자 망향의 동산에 문의를 넣었는데 이상한 이야기가 들려왔다. 강동위 쪽에서 이미 망향의 동산 측에 연락을 취했다는 것이다. 그리고 이렇게 말했다고 했다.

"이번에 들어오는 유골은 좀 곤란한 유골들입니다."

별안간 망향의 동산 측에서 그전까지는 한 번도 언급하지 않던 조건들을 주장했다. 예컨대 '사망진단서'나 '유족 동의서' 같은 서류가 갖춰져야만 유골을 안치할 수 있다는 요구였다. 이전에는 그런 조건 없이도 유골이 들어갔다. 그런데 갑자기 "안 된다"고 선을 그었다. 이런 변화는 강동위가 우리에게 줄곧 경고하던 내용과 정확히 일치했다.

그 내막에 대해서는 몇몇 경로를 통해 들은 이야기가 있다. 나는 그런 변화의 원인이 당시 박근혜 정부가 일본과 관련된 과거사 문제에 대해 사회적으로 주목받는 걸 꺼렸기 때문이라고 생각한다. 명시적인 '오더'가 내려온 건 아니었을지도 모른다. 하지만 강동위든 망향의 동산이든 관련된 여러 기관이 마치 약속이라도 한 듯이 같은 방향으로 움직이고 있었다. 어쩌면 실제로 지침이 있었을 수도 있다고 생각했다.

강동위 입장은 나름대로 이해되는 부분도 있다. 자신들이 십수 년 동안 추진하지 못했던 일을 우리가 갑자기 실현해버리려 하니 '그럼 우리가 지금까지 이런저런 기준을 따졌던 건 뭐가 되냐'는 반응이 나올 법도 했다. 그런 맥락에서 그들은 "이래서 안 되고 저래서 안 된다"는 이야기를 반복했는데, 그동안 이 문제에 무관심했던 망향의 동산 측이 똑같은 이야기를 하기 시작한 것이다. "그 유골은 이래서 안 됩니다", "모든 서류가 완벽히 갖춰진 유골만 받겠습니다"라며 말이다.

한국에 유골을 모셔와도 정작 갈 곳이 없는 상황이었다. 우선 유족 어르신 몇 분께 물었다.

"혹시 직접 받으실 수 있겠습니까?"

선산에 모신다는 분도 계셨지만 대다수는 어렵다고 했다.

"우린 산소도 정리하고 납골당도 없앴어요. 모실 상황이 안 됩니다."

오랜 세월이 지나 가족도 바뀌었고 잊고 살던 유골을 이제 와서 받기는 쉽지 않을 것이다. 결국 받을 사람이 없는 유골을 모셔 오는 상황이 될 수도 있었다. 그런 고민을 하고 있던 어느 날 도노히라가 전화를 걸어왔다. 마침 그 전화를 고故 박원순 서울 시장과 함께 있는 자리에서 받았다. 박 시장은 그때 휴가 중이었다. 내용을 함께 듣고 있다가 전화를 끊고 나니 박 시장이 바로 말했다.

"서울시립묘지에 모시자!"

서울시가 유골을 받겠다는 것이다. 박 시장은 그 자리에서 바로 서울시 관련 부서에 전화를 걸어 가능 여부를 확인했다.

파주시 용미리에 위치한 묘역으로 향했다. 현장을 둘러보며 '70년만의 귀향' 묘역으로 적합한 곳을 정했다. 박 시장과 나는 그 자리에서 구체적인 계획을 몇 가지 더 세웠다. 이역만리 타국에서 억울하게 세상을 떠난 분들, 외국에 살고 있지만 고향 땅에 묻히고자 하는 이들을 위해 서울시가 묘역을 마련하자는 것이었다.

"재일동포뿐만 아니라 재중동포, 사할린동포, 고려인 등 상관없이 고향 땅에 묻히고 싶은 분이라면 누구든 오십시오."

그런 묘역을 만들자는 구상 속에서 '70년만의 귀향' 묘역이 첫걸음을 디뎠다. 마침 그 자리에 납골당 형태도 있었고 여러 조건이 맞아떨어졌다. 상징적인 공간으로 삼기에 적합했다.

조선인 강제노동 희생자의 유골이 70여 년 전에 끌려갔던 그 길을 통해 7일간의 운구 여정으로 되돌아오면서 도쿄, 교토, 오사카, 히로시마, 시모노세키에서 추모제를 지냈다. 일본 사회가 다시 전쟁을 할 수 있는 국가가 되는 안보법안 문제로 갈등을 겪던 시기였다. 일본 열도의 북쪽 끝인 홋카이도 아사지노 비행장 공사 현장에서 남한의 북쪽 끝 파주의 서울시립묘지까지 3,500킬로미터의 긴 여정이었다. 홋카이도까지 끌려간 사람들이 두 번의 바다를 건너며 절망했다던 그 길을 다시 건너 부산 항구에서 진혼노제를 지냈다. 추석 전 주말인 9월 19일, 서울 시청 광장에서 장례식을 거행하고, 9월 20일에 서울시립묘지에 안치했다. 이들이 안치된 납골 묘역을 '70년만의 귀향' 묘역이라고 부르기로 했다.

_〈기억과 추모의 공공인류학〉 중에서

7장 '70년만의
	귀향'


길고 긴 잠을 깨우다

## 귀향의 시작

'70년만의 귀향' 묘역이 정해지고 나서부터는 비교적 순조롭게 준비가 진행됐다. 한일 양국에서 함께 '70년만의 귀향 실행 위원회'를 구성했고, 한국 측 실행 위원 중 일부는 직접 홋카이도로 건너가 귀향 여정에 동행하기로 했다. 귀향의 첫걸음은 2015년 9월 12일 홋카이도 아사지노에 있는 텐유지天祐寺에서 시작됐다. 텐유지는 유골발굴 현장 인근에 위치한 절이다. 2006년에 유골이 발굴된 이후 줄곧 그 유골들을 보관해왔다. 그날 열린 추도 법회는 텐유지 주지 스님과 도노히라의 주도로 진행됐고 마을 주민들도 자리에 함께했다.

주지 스님은 아사지노 발굴 당시부터 참여해온 분이었다. 법회 자리에서 그는 차분한 목소리로 인사를 건넸다.

"2006년 발굴 이후 이 유골들을 저희 절에서 계속 모셔왔습니다. 발굴 직후 참가자 10여 명이 절 마당에서 〈아리랑〉을 부르며 다시 오겠다고 눈물 흘리던 모습이 지금도 생생합니다. 이곳에서 강제노동에 시달리셨던 분들의 넋을 위로하며 긴 여정을 무사히 마치고 돌아가시기를 진심으로 기원합니다."

법회가 끝난 뒤 스님은 조용히 속내를 털어놓았다.

"사실 본부에서는 절대로 관여하지 말라고 했습니다."

일본 조동종 본부로부터 "이건 일본 정부가 관할하는 문제이므로 절에서는 관여하지 말라"는 공식적인 연락이 있었다는 것이다. 그러나 스님은 단호했다.

"이건 제 것이 아닙니다. 이분들이 저희 절에 잠시 맡겨두신 것뿐인데 어떻게 제가 안 드릴 수 있습니까?"

결국 본부는 한 발 물러섰다.

"그럼 직접 주지는 마시고 그 사람들이 들어와서 가져가는 건 막지 않는 것으로 하십시오. 절에서는 어떤 방식으로도 관여하지 마십시오."

하지만 스님은 과정을 끝까지 함께했다.

2015년 9월 12일 아사지노에서 출발한 여정은 홋카이도 슈마리나이의 사사노보효전시관에 보관 중이던 유골을 모시고 나오면서 본격적으로 시작됐다. 그 다음 날인 13일에는 비바이시의 죠코지, 그리고 삿포로 별원으로 향했다. 삿포로 별원에서는 큰 규모의 추도식이 열렸다. 삿포로 별원에 합골된 유골의 경우, 북한 출신이거나 중국인의 유골도 일부 포함돼 있었기 때문에 한국으로 본적지가 특정 가능한 71구의 유골만을 모셔오는 것으로 정리됐다. 세 개의 항아리 중 두 개를 인계받았다.

당초 계획은 유골을 모시고 홋카이도에서 기차를 타고 도쿄로 이동하는 것이었지만 기차에 유골을 실을 수 없었다. 공공 운송 수단으로는 유골 운반이 불가능했다.

9월 13일 홋카이도 토마코마이 항구苫小牧港에서 배를 타기로 했다. 민간 회사가 운영하는 선박이라 협상의 여지가 있었다. 배를 탈 때 긴장감이 커졌다. 유골이라는 사실은 가능한 한 드러나지 않도록 해야 했다. 선박 회사와의 협의를 통해 일반 승객이 타기 전에 우리 일행이 먼저 승선했고, 방 한 칸을 비워 유골을 모셨다. 선박 회사 측에서는 "항해 중에는 유골이라는 말을 하지 말아달라"고 당부했다. 조용하고 조심스럽게 유골은 홋카이도를 떠났다.

### 배를 타고 도쿄-교토-히로시마까지

9월 14일, 우리는 오아라이 항구大洗港에 도착해 전세 버스를 타고 도쿄로 향했다. 마침 우리가 도쿄에 들어서던 바로 그날, 일본에서는 전후 최대 규모의 시위가 벌어졌다. 일본 정부가 군사적 자위권 행사를 가능케 하는 안보법안을 강행 통과시키려는 움직임에 맞서 시민들이 거리로 나선 것이었다. 도쿄 도심은 격렬한 함성과 팻말로 뒤덮였고, 한국의 주요 방송사와 신문사, 도쿄 특파원들도 모두 그 현장을 취재하느라 도쿄에 머무르고 있었다. 그런데 때마침 홋카이도를 출발한 귀향 행렬이 도쿄에 도착한다는 소식이 전해졌고 언론이 모두 우리 추모제 현장으로 모여들었다.

추도 법회는 츠키지혼간지築地本願寺에서 열렸다. 도쿄 한복판에 위치한 그곳은 교통이 편리해 한국 특파원들도 어렵지 않게 찾아올 수 있는 장소였다. 안보법안에 반대하는 시위 분위기와 맞물려 강제노동 희생자 유골의 귀향이 갖는 의미가 더욱 부각됐다. 그렇게 우리는 도쿄 한복판에서 다시 한번 강제노동의 역사를 환기시키며 '70년만의 귀향' 여정을 알릴 수 있었다. 이 장면은 한국의 주요 방송사 뉴스에 아침저녁으로 모두 보도됐고 우리의 여정에 대한 사회적 인식도 급격히 달라지기 시작했다.

이튿날인 15일에는 교토 니시혼간지에서 추도 법회가 열렸다. 교토 일정을 마친 후 곧바로 오사카로 이동해 그날 밤 혼간지 츠무라 별원本願寺津村別院에서도 추도 법회와 추모제를 열었다. 뜻밖에도 오사카 총영사가 참석해 나를 따로 보자고 했다. 그는 "입장은 다르지만, 교수님 좋은 일을 하고 계십니다"라며 조심스럽게 말을 건넸다. 그의 말투나 표정에서 뭔가 분위기가 달라졌음을 직감했다. '이제 뭔가 바뀌는구나' 하는 생각이 들었지만 여전히 불안한 마음은 남아 있었다.

다음 날인 9월 16일, 우리는 히로시마에 도착했다. 그곳에서도 추도회가 예정돼 있었다. 히로시마 총영사가 행사장에 찾아왔다. 그가 조용히 다가와 식사 자리에서 내게 말을 건넸다.

"저희들이 회의하고 입국하시는 데 지장 없도록 다 조치해놓겠습니다."

그 말에는 여러 뜻이 담겨 있는 것 같았다. 단순한 행정 절차 안내가 아니라 이번 여정의 의미에 대한 최소한의 이해가 느껴졌다. 그는 말을 이었다.

"저희들이 여러 가지로 다 검토했는데, 입국하시는 데 별문제가 없을 겁니다. 너무 염려 안 하셔도 될 겁니다."

오사카와 히로시마에서 만난 관료들의 표정과 말투에서 어떤 변화를 느꼈지만 부산항에 도착할 때까지 안심할 수 없었다.

### 115구의 유골, 115개의 유골함

9월 17일, 시모노세키에서 마지막 추도 법회를 올리고 부산으로 떠날 준비를 하고 있었다. 나는 추도 법회가 시작되기 전에 귀환단의 일본 스님들과 함께 삿포로 별원에서 모셔온 합사 유골 71구의 분골 문제에 대해 이야기를 나눴다.

"지금 이 유골이 두 개의 항아리에 모셔져 있는데, 우리가 서울에 마련한 '70년만의 귀향' 납골 묘역의 여건상 이대로는 안치가 어렵습니다. 각각의 유골을 납골함에 모셔야 하기에, 일흔한 분의 유골을 분골해야 합니다."

115구의 유골을 모시는 것이라면 115개의 유골함이 있어야 했다. 귀향의 상징적 장소에 각각의 존재를 분명하게 기억하고 싶었기 때문이다. 더구나 서울 시청 광장에서 진행될 귀향 행사에는 한양대학교 문화인류학과 학생들, 어린이어깨동무와 공동육아 활동가들이 자원봉사자로 참여하기로 되어 있었다. 그들에게도 이 유골이 단지 과거의 유물이 아닌 역사의 무게를 지닌 개별적인 존재로 다가가길 바랐다.

일본 절에서는 성인 손바닥 크기의 작은 유골함을 사용하는데, 삿포로 별원에서 유골함들을 준비해줬다. 그 유골함에 담기 위해선 반드시 분골 작업이 필요했다. 나는 이 작업은 일본 땅에서 일본 스님이 직접 해야 한다고 생각했다.

"이건 한국에 가서 하지 말고 일본에서 해결하고 갑시다."

나는 도노히라의 아들, 마코토에게 요청했다. 그는 스님이고 첫 유골발굴부터 여정을 함께해온 동지이기도 했다. 시모노세키의 추도회가 진행되는 동안 마코토는 뒤편에서 조용히 분골 작업을 진행했다. 항아리 두 개에 모셔져 있던 유골을 71개의 유골함에 나눠 담는 작업은 경건하면서도 무거운 의식이었다. 마코토는 그 무게를 혼자 감당했다. 시모노세키를 떠나기 전, 우리는 각각의 유골함을 정성스럽게 챙겼다.

## 고향 땅의 뜨거운 환영

9월 18일 새벽, 부관釜關 페리를 타고 부산항에 도착했다. 한국에 발을 디딘 순간부터 분위기가 완전히 달라졌다. 이미 며칠 전부터 한국 언론이 귀향 여정을 집중 조명했기에 부산항에는 환영 인파가 몰려 있었다. 그들은 세관장에 줄을 서서 우리를 맞이했고 항구에서 곧장 기자 회견이 진행됐다.

그날 우리는 부산 수미르공원에서 진혼제를 열었다. 과거 강제노동 희생자들이 탔던 관부 연락선이 출항하던 바로 그 부두가 지금은 공원이 되어 있었다. 나는 출발하기 전부터 부산에 계신 채희완 선생을 비롯해 부산민예총, 탈춤과 연극을 하는 분들, 그리고 어린이어깨동무 활동가들에게 진혼제를 부탁했다.

우리가 도착하자 먼저 마중 노제가 진행됐다. 진혼제 무대 뒤에는 조국산천祖國山川의 큰 걸개그림이 걸려 있었다. 진혼제는 장엄하고 감동적이었다. 강제노동 희생자의 유골이 70여 년 만에야 귀환했고, 그들을 맞이하는 이 땅의 사람들은 마음 깊이 그 사실을 받아들여줬다. 그제야 일본에서의 조심스러움과 긴장감이 사라졌다. 드디어 귀향이 이뤄졌음을 실감했다.

그때가 마침 광복 70주년이 되는 해여서 '70년만의 귀향' 일정은 추석에 맞춰 계획했다. 광복절 즈음에는 원래부터 행사가 많아서 우리의 메시지가 묻힐 수 있었고, 무엇보다 추석은 귀향의 의미가 있는 날이기 때문이다. 부산에서 서울로 이동하며 분명한 사회적 메시지를 내는 데 집중했다.

　　서울 시청 광장에서 열릴 장례식을 앞두고 유골을 하룻밤 모셔야 하는 상황이 생겼다. 유골을 버스 안에 둘 수는 없었다. 귀향 준비를 함께했던 한화의 정승진 고문의 사무실이 성공회 서울주교좌성당이 내려다보이는 빌딩 안에 있었는데, 그 창문 너머 성당을 내려다보며 '저기다' 하는 직감이 들었다.

　　정 고문이 성공회 신부와 잘 아는 사이여서 미리 이야기를 나눴다. 성공회 측은 우리의 사정을 듣고 기꺼이 유골을 모시겠다고 했다. 유골이 도착하자 성공회 주교가 직접 나서 미사를 드렸다. 유골을 하룻밤 지키는 단순한 보관이 아니라 정중한 의례와 믿음으로 함께해준 것이다.

　　일본에서는 각 지역의 절에서 하루씩 유골을 모셨기 때문에 처음 한국에서의 일정을 계획할 때도 자연스럽게 절을 고려했다. 서울 시청 근처에서 유골을 모실 만한 곳으로 조계사를 떠올린 건 어쩌면 당연한 일이었다. 한국에서까지 불교 중심으로 일정을 짜면 자칫 특정 종교에 편중된 행사로 보일 수 있었다. 그래서 종교 간 협력을 염두에 두고 한국종교인평화회의KCRP에 협조를 요청했다. 그 결과, 7대 종단이 함께하는 행사로서 서울 시청 광장에서 진행한 장례식은 다종교적 장례의 형식을 갖추게 됐다. '70년만의 귀향'은 하나의 종교를 넘어서 이 땅 모든 생명의 존엄을 기억하고자 했던 공동의 여정이 됐다.

## 사회·문화적 연대가 만든 장례식

우리가 부산항에 도착했을 때, 이미 도쿄를 비롯한 일본 현지 언론 보도가 한국에도 전달된 상태였다. '억울하게 돌아오지 못한 영혼들의 존재, 그 미완의 과제가 아직 끝나지 않았다'는 사실이 한국 사회에 알려지기 시작했다. 그런 흐름 속에서 '70년만의 귀향'은 단순한 장례 절차를 넘어, 당대의 정치적 담합 구도에 맞선 일종의 상징적인 메시지를 던지는 일이 됐다. 우리가 가진 사회적 자본, 문화적 자산, 그리고 그간 축적해온 네트워크를 모두 동원했다. 그 모든 것이 모여 '70년만의 귀향'이 마침내 현실로 구현될 수 있었다.

후원금 모금도 진행했다. 처음엔 소박하게 시작했지만 점차 사회에 알려지면서 모금 액수가 눈에 띄게 늘어갔다. 필요한 비용은 적지 않았다. 장례 지원부터 행사 운영까지 상조 회사인 '프리드라이프'의 도움이 컸다. 송세인이 상조 회사와 연결해줬다. 당시 회사 대표가 좋은 일에 참여하고 싶은 의지가 강한 사람이라고 했다. '70년만의 귀향'에 대해 설명하자마자 흔쾌히 지원을 약속했다.

그는 탁월한 기획자이기도 했다. 부산에서 서울까지 리무진과 버스를 전폭적으로 지원해줬다. 이 일을 상조 회사 직원 교육용 영상으로도 제작하면서 "우리는 단지 장례를 치르는 사람이 아니라 역사적 정의와 사회적 의미를 실현하는 일을 한다"는 인식을 심고자 했다. 실로 대단한 기획력이었다. 리무진과 버스를 타고 부산에서 서울까지 이동하면서 여정에 동행한 나의 지도 교수 플래스 선생님은 깊은 감동을 표했다.

그는 서울시청 앞 광장에서 열린 장례식에서 이렇게 추모사를 했다.

"흰 유골함을 든 동아시아 사람들의 이 모습을 미국인들과 전 세계가 보고 배우기를 바랍니다. (…) 지구상의 모든 사람이 옳은 일을 하는 날을 상상해봅시다. 잃어버린 유골을 담은 상자를 모든 인간의 삶을 담아가는 신성한 상징으로 바꾸기 위해 모든 사람이 기꺼이 노력하는 날을. 마침내 우리 모두가 서로를 보듬고 가는 그날은, 진정한 세계 평화의 첫날이 될 것입니다."

경찰 오토바이 기동대가 행렬에 동행해 길을 터줬다. 마치 늦었지만 마땅히 받아야 할 환대를 이제야 받는 기분이었다. 고향에 돌아왔다는 실감, 억울하게 떠난 사람들을 대신해 우리가 귀향의 길을 걷고 있다는 책임감이 마음 깊이 밀려들었다. 이렇게 중요한 메시지가 사회적으로 알려지면 그 울림에 자연스레 힘이 붙고, 그 힘은 다시 또 다른 가능성을 열게 된다. 결국 모든 것은 기획의 힘으로부터 비롯된 것이었다.

## 돈도 명예도 바라지 않고

'70년만의 귀향'을 준비하면서 주변 사람들에게 물었다.

"지금 납골당은 확보했는데 이곳을 어떻게 꾸며야 할까요?"

어떻게 해야 귀향의 묘역을 상징적이고 기억을 담는 장소로 만들 수 있을지를 두고 많은 고민이 이어졌다. 그러던 중 김영환이 소녀상 조각가 김서경, 김운성 작가를 추천했다. 두 분이 도와줄 수 있을지도 모른다는 얘기였다. 일본으로 떠나기 전에 두 작가를 만나 기획을 논의했고 몇 달에 걸쳐 준비를 했다. 파주의 서울시립묘역도 함께 둘러봤다. 서울 시청 광장에서 진행될 장례식을 위한 무대 디자인도 부탁했다. 정말 말도 안 되게 적은 예산이었다. 그럼에도 두 분은 웃으며 응해줬다. 그리고 믿기 어려울 정도로 아름다운 장례식장이 완성됐다.

서울 시청 광장에 설치된 무대는 원래 서울시 행사용 상설 무대였다. 여름철에는 문화 행사가 많아 매번 무대를 짓고 허무는 대신 상설 무대를 만들어둔 것이었다. 9월 19일을 '70년만의 귀향' 장례식 날로 정하고 무대를 사용하기로 했다. 그런데 그날이 인천 상륙 작전과 서울 수복을 기념하는 날이라 오전에는 해병대 기념 행사가 먼저 열렸다. 해병대 행사 이후 남은 시간은 고작 몇 시간이었다.

예산도 넉넉하지 않았고 시간도 부족한 상황에서 김서경,

김운성 작가는 철제 프레임 위에 까만 천과 하얀 천을 걸고 크고 아름다운 흰 조화 몇 송이로 장례식장을 만들어냈다. 막상 현장에서 작업이 시작될 때만 해도 잘될지 긴가민가했는데, 절로 숙연해질 만큼 웅장한 장례식장이 완성됐다. 장례식 기획과 연출은 정 선생의 소개로 탁현민 PD에게 부탁했다. 사례도 없었는데 흔쾌히 응해줬다. 정말 많은 사람이 마음을 다해 만들어낸 무대였다.

'70년만의 귀향' 묘역도 두 작가가 동참해 상징적인 공간으로 탄생시켰다. 돌판과 동판을 기본 골조로 삼아 최소한의 재료로 최대한의 메시지를 담은 작품이었다. 그 감각을 이번에 새로 만들어진 슈마리나이강제노동박물관에서도 이어가고 싶었다. 사사노보효전시관의 무너진 자재를 다시 기억의 장소로 되살리기 위한 아이디어를 김서경, 김운성 작가와 함께 논의했다. 참가자들이 힘을 모아 우리 손으로 직접 슈마리나이에 '화해와 평화의 숲'을 가꿔보자는 구상이 싹텄다.

워크숍을 돌아보면 참 신기한 힘이 있다는 걸 새삼 알게 된다. 명망 있는 학자나 예술가 들이 돈도 명예도 바라지 않고 이 일에 기꺼이 참여해준다. 정 선생 같은 분도 그렇고 호주국립대학교의 테사 모리스-스즈키Tessa Morris-Suzuki 교수도 마찬가지다. 테사 교수는 워크숍에 자신이 받은 상금 전액을 기부하기도 했다. 워크숍이 받은 개인 기부 중 아마 가장 큰 금액이었을 것이다. 하지만 이 워크숍처럼 '돈 줘도 안 알아주는' 곳도 없다. 알아주기를 바라서 한 일이 아니다. 인생의 한 시기를 고스란히 바친 사람들조차 누구에게 인정받으려고 이 자리에 있었던 것이 아니다.

사람들은 계속 이곳으로 모여든다. 아마 여기에 흐르는 어떤 순수한 열정 때문일 것이다. 헌신과 숭고함, 그런 이름 붙이기 어려운 감정들이 자리를 지탱해주고 있다. 그래서일까. 정말 훌륭한 이들이 기꺼이, 그리고 흔쾌히 공동의 여정에 동행해줬다.

### 하나의 유골은 천 개의 다이너마이트와 같다

'70년만의 귀향'은 식민주의와 제국주의에 맞선 기억 투쟁으로, 탈식민지적 기억의 정치라는 관점으로 의미화될 수 있다. 식민주의의 지속, 제국주의적 패권을 유지하려는 세력이 만들어내는 질서에 우리만의 방식으로 목소리를 내고 저항해왔다. 과거의 가해자와 피해자가 함께 협업하며 '화해'의 메시지를 만들어내는 것이 우리가 선택한 길이었다. '70년만의 귀향' 전 여정에 함께한 플래스 선생님은 이를 하나의 역동적인 사회운동으로 이해했고, 그 의미를 인류사적이고 글로벌한 맥락에서 되짚으며 다큐멘터리 〈길고 긴 잠So Long Asleep〉을 제작했다.

홋카이도에서 강제노동으로 사망한 115명의 조선인 강제노동 희생자의 유해를 발견, 발굴하고 송환하는 과정을 추적한 이 다큐멘터리는 홋카이도로 갔던 자원봉사자들과의 인터뷰, 희생자 유골 송환 여정, 그리고 고인들을 위한 기념 장소에 초점을 맞추고 있다. 식민지 역사, 평화와 화해, 전쟁에 대한 기억과 정치적 이해관계가 미친 영향, 그리고 산 사람들이 죽은 사람들과 어떻게 관련이 있는지를 입체적으로 조명한 작품이다.

2016년 10월, 일리노이대학교 스펄록박물관Spurlock Museum, University of Illinois at Urbana-Champaign에서 열린 미드웨스트 아시아 학회에서 다큐멘터리 〈길고 긴 잠〉 시사회가 있었다. 도노히라도 그 자리에 함께했다. 우리는 학회에서 아이누 인골 문제도 언급했다. 피바디 뮤지엄에서 관장을 지냈던, 이제는 은퇴한 원로 인류학자도 자리에 있었다. 그는 이 문제에 대해 자신이 자문할 수 있다며 이렇게 말했다.

"일본 정부가 정말 어리석은 짓을 하고 있어요. 유골 문제를 이렇게 안고 있는 건 다이너마이트를 쌓아놓고 있는 거나 마찬가지입니다. 두개골 하나가 문화·역사·사회적으로 다이너마이트 천 개의 위력을 지니고 있어요."

그의 말에는 깊은 경험이 배어 있었다. 그는 미국 내 여러 박물관에서 보관 중인 원주민 공동체의 유골 반환 문제를 오랫동안 다뤄왔다. 지금도 미국 각지의 원주민 공동체가 유골을 돌려달라며 박물관과 정부를 상대로 수많은 소송을 계속하고 있다. 유골을 반환해야 한다는 입장과 반대 입장이 팽팽히 맞서고 있고 어느 한쪽으로 쉽게 결정할 수 없는 복잡한 문제라고 했다.

원로 인류학자는 다시 한번 강조하며 말했다.

"일본 정부가 지금 이 문제를 행정력과 정치력으로 그냥 덮어버리려는 건 진짜 바보 같은 발상입니다. 당장은 어쩔 수 없을지 몰라도 이건 분명히 문제라는 걸 공론화하고 그 씨앗을 심어야 해요. 지금 일본 정부가 '처리'했다고 생각하는 것이 진정한 해결이 아니라는 걸 곧 알게 될 겁니다."

우리는 그의 이야기를 깊이 새겨들었다. 그것은 단순한 조언이 아니라 이 문제가 얼마나 무겁고 오래도록 사회를 뒤흔들 수 있는가에 대한 경고였다.

그 자리에는 대학의 네이티브 아메리칸 하우스Native American House 디렉터도 참석했는데, 깊은 감동을 받았다며 이런 이야기를 남겼다.

"이 작품은 제국주의가 남긴 상처 속에서 여전히 살아가고 있는 전 세계 사람들에게 깊은 시사점을 줍니다. 우리는 지금까지 법과 제도의 틀 안에서 문제를 풀기 위해 노력해왔지만, 이 다큐멘터리에서 보인 방식은 그 너머에 있었습니다. 종교·문화·정서적인 차원에서 상처를 치유하고 기억을 존중하는 방식이야말로 진정한 화해의 실마리일 수 있다는 사실을 새롭게 알게 됐습니다."

그는 이 다큐멘터리가 유엔UN의 선주민 권리 관련 기관에서 교재로 활용되기를 희망한다고 했다. 지금까지 식민주의의 희생자였던 선주민들은 문제 해결을 위한 수단으로 법과 정치적 호소만을 상상해왔다. 하지만 우리 워크숍을 통해 정서적으로 마음을 울리는 접근이 얼마나 중요한지 또 문화적으로 존중받는다는 것이 무엇인지 깨닫게 됐다는 말이었다. 그 이야기는 오래도록 가슴에 남았다.

'70년만의 귀향'을 둘러싼 여정은 단지 한일 간의 과거를 되짚는 데 그치지 않는다. 그것은 과거의 상처를 안고 미래를 함께 모색해온 공동의 경험이자 시간이었다. 그 경험은 여전히 강고하게 남아 있는 식민주의적 구조와 제도, 정치적 현실을 살아가는 오늘날의 우리에게 묻고 있다. 우리는 그 상처를 어떻게 기억하고 또 어떻게 딛고 앞으로 나아갈 것인가. 워크숍은 그 물음에 대한 하나의 실천적 대답이기도 했다.

### 아이누의 '85년 만의 귀향'

'70년만의 귀향'을 이루기 위한 지난한 노력이 나비효과처럼 퍼져나가 오랜 세월 정체돼 있던 아이누 유골 반환 소송에도 변화의 물꼬를 텄다. 앞이 보이지 않던 싸움 속에서 일본 재판부는 이전과 확연히 다른 태도를 보이기 시작했고, 결국 일본 대학도 더는 유골 반환을 거부하지 못하는 상황에 놓였다. 나는 그 과정을 지켜보며 유골을 가족이나 공동체에 돌려주는 일이 이제는 누구도 부정할 수 없는 명백한 사회적 상식이 됐다고 생각했다.

오랜 시간 아이누 유골반환운동을 이끌어온 이는 이치카와 모리히로市川守弘 변호사다. 그는 캐나다에서 선주민 인권 문제를 공부하고 국제법에도 밝은 인권 변호사로 오가와 선생과 함께 홋카이도대학교를 상대로 유골 반환 소송을 제기했다. 하지만 재판은 순탄치 않았다. 대학교는 이치카와 측의 대표성을 문제 삼아 유족도 아닌 사람이 유골 반환을 요구할 권한이 없다며 반환을 거부했다. 심지어 '과학 연구 목적'이라는 오래된 논리를 내세워 유골을 지식의 대상으로만 취급했다. 지금도 일본 정부는 기본적으로 그 입장을 고수하고 있다.

운동은 점점 외로운 싸움이 되어갔다. 심지어 아이누협회조차 정부의 압력에 밀려 입장을 바꿔 반환 요구에서 한 발 물러섰다. 그런 상황에서 이치카와 변호사와 오가와 선생은 새로운 전략을 세웠다. "당신들이 전체 아이누를 대표하느냐?"는 질문에 맞서 "그럼 우리 마을, 기네우스 고탄에서 도굴해간 조상들의 유골을 돌려달라"고 요구한 것이다.

고탄은 아이누의 전통 공동체 단위다. 그래서 이번에는 고탄이 유족의 주체가 될 수 있는가가 재판의 핵심 쟁점이 됐다. 일본의 법 체계는 오직 가족만을 유족으로 인정하기 때문에 마을 공동체를 법적 주체로 삼는 것은 쉽지 않았다.

이 판세가 바뀐 결정적 계기가 '70년만의 귀향'이었다. 시민들의 힘으로 이뤄진 유골 봉환 실천은 일본 사회 내부에 분명한 울림을 남겼다. 일본 재판부는 그 사건 이후 홋카이도대학교에 합의를 종용했고, 결국 고탄 공동체를 유족 주체로 인정했다. 그렇게 기네우스 고탄에서 도굴돼 납골당에 안치돼 있던 유골들은 2016년에 원래의 공동체로 돌아갈 수 있었다. 그 유골 봉환을 '85년 만의 귀향'이라고 이름 붙였다. 나는 그 여정에 함께했다.

홋카이도대학교 납골당에서 유골을 받아 기네우스 고탄으로 모셔가는 길은 단순한 이동이 아니었다. 기억의 회복이었고, 공동체의 권리 회복이었으며, 제국이 탈취했던 존재를 다시 인간으로 되돌리는 길이었다. 2015년, 조선인의 유골이 '70년만의 귀향'을 통해 본래의 삶터로 돌아간 그 흐름이 이듬해 아이누 조상의 귀향으로 이어졌다는 점에서, 이 두 사건은 서로를 반영하며 탈식민의 길을 함께 걸은 기억의 실천이었다고 나는 믿는다.

## 멀리 가고자 하는 사람은 함께 간다

'85년 만의 귀향'이 시작됐다. 오가와 선생이 늘 데리고 갔던 홋카이도대학교 납골당에서 12구의 유골을 받아서 우라카와, 기네우스, 고향 땅으로 돌아가 85년 전 그들이 마구 파헤쳐 두개골만 잘라 가지고 갔던 아이누 공동묘지에 재매장하는 여정이었다. 삼일간 매일 진행된 아이누식 카무이노미ヵムイノミ・와 이차르파에 참가

해 무수한 잔 돌림과 조용히 술 마시기를 거듭했다. 아이누 민족의 전통 장례는 조용하고 조촐하게 진행됐다.

　　일본 정부의 돈을 받은 아이누협회가 '정부 방침과 다르다'며 참여를 거부하고, 또 그 협회의 지원금을 받는 아이누들의 참가를 견제한 상황에서 귀향은 아주 외롭게 시작됐다. 일본 언론의 사진 기자들 앞에 혼자 서 있던 오가와 선생은 우리를 얼싸안고 비로소 웃고 울며 기운을 차렸다.

　　유골이 차에 실려 떠나려고 하자 두 팔을 쫙 벌리고 "돌아가자! 돌아가자! 帰ろう！帰ろう！" 어렵게 두 마디만을 되풀이하던 오가와 선생은 애처로워 보였다. 하지만 곧 그는 우리를 보며 한 팔을 (감자 먹이듯이) 쳐들고 "이겼다! 이겼다! 勝った！勝った！" 하고 활짝 웃었다. 그때는 천진난만한 활동가의 얼굴로 되돌아왔다. 홋카이도대학교 동물 실험실에서 처음 유골을 보고 고향 땅에 다시 모시기로 결심한 지 40년 만이었다.

　　장례식 전날 저녁 철야가 시작될 때, 다큐멘터리 〈조용한 인간의 대지〉를 함께 봤다. 55세의 오가와 선생의 모습이 보이는 첫

● 카무이노미 カムイノミ, Kamuy-nomi는 아이누어로 '신(카무이)에게 바치는 기도'라는 뜻으로, 자연신에게 감사와 축복을 기원하며 행하는 전통 제의다. 이는 인간과 신령 간의 상호성에 기반해 사냥, 수확, 건축 등 공동체의 주요 전환점마다 행해진다. 카무이노미와 이차르파는 각각 신과 인간, 죽은 자와 산 자 간의 관계를 매개하는 아이누의 대표적인 의례로, 아이누 사회의 세계관과 윤리적 질서를 드러내는 상징적인 행위다.

장면부터 모두가 박수를 치며 기뻐했다. 오가와 선생은 눈물을 흘리며 좋아했다. 가끔씩 흥분하면 벌떡 일어나 화면을 손으로 가리키며 "봐! 봐!" 하고 소리쳤다.

이미 세상을 떠난 아이누 지도자들의 모습이 나올 땐 모두 반가워서 어쩔 줄 몰라 했다. 그 자식, 손주 들이 함께했다. 유바리 탄광을 안내했던 카토 선생의 아들이 바로 홋카이도대학교 고고학과 가토 히루호미 교수였다. 안신원 교수와 아사지노 발굴을 함께 했던 분이다. 아버지가 조선인의 피해 사실을 연구하고 알린다고 자기도 어렸을 때 학교에서 '조선 아이'라고 이지메를 당했다고 했다. 그러면서 돌아가신 아버지의 모습을 보면 어머니가 너무 좋아하실 것 같다고 말했다. 모두들 일본에서는 만들 수 없는 좋은 작품이라며 교육용으로도 소개하고 싶다고 해 일본어 자막이 들어간 파일을 보내주기로 했다.

어려운 일정 중에 최춘호가 열심히 번역을 해주고 한효주가 밤새 자막을 넣어줬다. 최근에 박정옥 PD가 디지털판을 만들어줘서 화질이 좋아졌다. 모두의 정성으로 이렇게 역사적인 날 모인 모든 사람에게 인생과 활동의 의미를 다시 느낄 수 있게 해줬다. 요즘은 눈물이 핑 돌도록 감동스러운 일을 자주 하게 돼 어리둥절하다. 일본 스님은 그렇다 치고 한국 교수마저 장의사 수준으로 여러 사람의 삶과 죽음을 몸으로 겪고 있다.

빨리 가고자 하는 사람은 혼자 가고 멀리 가고자 하는 사람은 함께 간다고 한다. 이렇게 여러 해 동안 함께 가고 있는 우리들은 어디까지 갈 수 있을까?

'70년만의 귀향'을 함께 추진했던 한국의 '평화디딤돌'과 일본의 '동아시아시민네트워크'는 파주 서울시립묘지에 강제노동 희생자 추모 묘역을 조성한 이후, 희생자들이 살았던 고향집 어귀에 각 개인의 존재와 희생을 기억하고 추모하는 '평화디딤돌'을 놓기 시작했다. 또한 일본 각지의 강제노동 현장에도 그 장소에서 희생된 사람들의 이름과 희생 경위를 새긴 평화디딤돌을 놓고 있다. 평화디딤돌은 과거 전쟁과 반인도적 범죄로 희생돼 역사상 숫자로만 기록된 희생자 한 사람 한 사람의 삶과 죽음에 대한 기억을 일상의 공간으로 불러들이는 '기억의 상징물'이자, 오늘날 이 땅에 살고 있는 사람들이 과거에 같은 장소에서 살았던 평범한 사람들의 유린당한 삶의 진실을 확인하고 되새기는 '진실의 상징물'이다. 역사적 진실을 바탕으로 진정한 민족 간 화해와 인류의 평화를 함께 모색하는 '평화의 상징물'이기도 하다.

_〈기억과 추모의 공공인류학〉 중에서

8장 **평화
디딤돌**

기억을 일상으로 가져오다

## 걸림돌과 디딤돌

2015년, '70년만의 귀향'을 준비하며 '남북문화통합교육원'을 '평화디딤돌'로 바꾸기로 했다. 여러 기관과 사람이 함께 참여하는 행사로 '70년만의 귀향'을 기획했고 이들을 아우를 공신력 있는 단체가 필요했다. 무엇보다 기존의 남북문화통합교육원이라는 이름으로는 우리가 감당해야 할 과제의 범위를 온전히 담아내기 어려웠다.

단체의 출발 동기는 분명 남북 간 화해, 그중에서도 탈북 아동과 청소년을 위한 교육 문제였다. 그러나 시간이 흐르면서 남북 분단의 현실을 다르게 보기 시작했다. 남북 분단도 결국은 식민주의, 냉전이라는 세계사적 구조의 일부라는 인식이었다. 이 구조 속에서 벌어진 일들을 한국 내부의 문제로만 다룰 수는 없었다. 평화디딤돌은 남북한의 과제를 포함해서 디아스포라 코리안들이 겪고 있는 초국가적 과제들, 나아가 일본을 비롯한 동아시아 국가들과의 관계 속에서 풀어야 할 역사적 책임과 연대의 필요성까지 담고자 했다. 그렇게 활동 범위는 점점 더 넓어졌고 자연스럽게 제국주의와 식민주의의 희생자들과의 연대 역시 중요한 과제가 됐다.

단체 이름을 바꿀 무렵에 독일을 방문할 일이 있었다. 베를린 거리에서 '슈톨퍼슈타인stolperstein'을 봤다. 직역하면 '걸림돌'이다. 독일과 유럽의 거리 곳곳에는 걸림돌이 있다. 반짝이는 놋쇠로 덮은 보도블록에는 그 지역에 살다가 나치에 의해 수용소에서 죽임을 당한 유태인, 독일인 사회주의자, 동성애자, 롬인Roma의 이름이 새겨져 있다.

독일 조각가 군터 뎀니히Gunter Demnig는 1992년부터 지난 30여 년간 독일과 유럽 전역에 5만 6,000개 이상의 '걸림돌'을 놓았고, 지금도 작업을 계속하고 있다. 이런 '기억의 예술'은 일상 공간에서 벌어진 역사적 희생의 기억을 되살려 국가 권력의 폭력성을 경계하고 미래의 평화를 기원하는 작업이다.

사람들은 지나가다 돌에 걸려 멈칫하고 고개를 숙여 그 순간을 기억하게 된다. 일상의 공간에서 역사를 마주하게 만드는 힘, 독일 사회의 자기반성과 성찰이 녹아 있다.

하지만 우리는 '걸림돌'이 아니라 평화로 나아가는 '디딤돌'이 필요하다고 생각했다. 피해자의 입장에서 우리는 끊임없이 각성하고 우리가 처한 문제들을 되살펴야 하며, 과거를 되새김으로써 오늘의 모순을 이해하고 미래의 과제를 찾아야 한다고 믿는다. 기억은 과거를 되새기고 오늘을 딛고 나아가게 하는 디딤돌이어야 한다. 그런 의미에서 '디딤돌'이었다. 한글 이름에서 출발한 이 표현은 영어로는 'stepping stone'이 어울릴 것 같았다.

디딤돌에 대한 구상을 플래스 선생님과 나눴다. 선생님은 잠시 생각에 잠기더니 이렇게 물었다.

"스테핑 스톤즈 stepping stones 가 아니야?"

처음에는 농담처럼 들렸다. 하지만 곧 그것이 단순한 표현의 문제가 아니라 인식과 이미지의 차이라는 걸 깨달았다.

내가 떠올린 '디딤돌'은 한옥 대청마루 앞에 놓인 넓고 평평한 돌이었다. 마루로 올라가기 위한 일종의 낮은 계단처럼 쓰이는 돌이다. 하지만 플래스 선생이 떠올린 이미지는 달랐다. 영어를 모국어로 쓰는 이들에게 '스테핑 스톤즈'는 얕은 개천을 건너기 위해 띄엄띄엄 놓인 돌들이다. 그런 돌들을 성큼성큼 건너가는 모습이 먼저 떠오른다. 그리고 돌 하나로는 부족하기에 반드시 여러 개가 필요하다. 우리말로 '징검다리'다. '스테핑 스톤즈'라는 말 속에도 문화적 차이가 있었다.

곰곰이 생각해보니 평화를 향한 길에는 디딤돌도, 징검다리도 필요하다. 그리고 그 돌을 튼튼하고 넓게 놓기 위해서는 혼자의 힘이 아닌 여러 사람의 손과 노력이 있어야 한다.

## 기억·진실·평화의 상징

'70년만의 귀향'이 끝난 2015년 12월 28일, 박근혜와 아베 정부는 일본군 '위안부' 문제를 "최종적이고 불가역적으로 해결한다"고 발표했다. 일본 측은 10억 엔을 출연해 '화해·치유 재단'을 만들고 아베 총리는 일본군 '위안부' 피해자들에게 '마음으로부터의 사죄와 반성'을 표명했다. 한국 정부는 그 돈을 생존한 '위안부' 피해 여성들에게 나눠주겠다는 식이었다. 이걸로 '해결'된 것으로 하고 이제는 "과거를 접고 미래로 가자"고 했다.

그 발상 자체에 분노하지 않을 수 없었다. 표면적으로는 양국 관계를 정리하려는 시도였지만, 정작 피해 당사자들의 목소리는 어디에도 없었다. 그 합의문에는 '법적 책임'이라는 표현이 빠져 있었다. 사죄라는 말도 정치적 수사에 가까웠다. 진정한 의미의 책임 인정이나 정의 회복과는 거리가 멀었다.

"최종적이고 불가역적"이라는 표현에 더 화가 났다. 어떻게 역사에 그런 식의 마침표를 찍을 수 있단 말인가. 상처 입은 사람은 아직 치유되지 않았는데, 무슨 권한으로 그것이 끝났다고 선언할 수 있는가. 무엇보다 화가 났던 것은 이 모든 과정이 피해자들과의 충분한 대화 없이 너무나 빠르게 진행됐다는 점이었다.

나는 이런 방식이 과거사를 다루는 사회의 주된 담론이 되어서는 안 된다고 절실히 느꼈다. 우리도 슈톨퍼슈타인처럼 일상 속에 기억의 공간을 만들어야 한다고 생각했고 그렇게 '기억의 예술' 캠페인을 시작했다. 그 무렵은 가진 것을 거의 다 쏟아부어 '70년만의 귀향'을 마친 직후였다. 나를 포함해 평화디딤돌 구성원 모두가 기진맥진한 상태였지만, 숨 돌릴 틈도 없이 또 다른 일을 해야 했다.

'평화디딤돌' 설치 프로젝트를 시작했다. 출발을 알리기 위해 '기억의 예술'을 주제로 국제 행사를 기획했고, 이어 같은 주제의 국제 학술회의도 열었다. 오키나와에서 예술가 긴죠 미노루金城実와 독일에서 슈톨퍼슈타인을 시작한 군터 뎀니히를 초청해 그들의 경험을 듣고 사회적 메시지를 발신하고자 했다. 이들과 함께 수요 집회에도 참석했다.

서울 일본 대사관 앞 '평화의 소녀상' 곁에 '위안부' 피해 여성들을 기억하는 '평화디딤돌'을 설치했다. 총 다섯 개의 동판 중 세 개는 김운성, 김서경 작가가 제작했고 두 개는 군터 뎀니히가 독일에서 직접 만들어 가져온 것이었다. 이 다섯 개가 첫 번째 평화디딤돌이다.

'70년만의 귀향'을 함께 추진했던 일본의 동아시아시민네트워크와 함께 홋카이도 강제노동 희생자들이 살았던 한국의 고향 집 어귀에도 개인의 존재와 희생을 기억하고 추모하는 평화디딤돌을 놓기 시작했다. 또한 일본 각지의 강제노동 현장에도 희생된 사람들의 이름과 희생 경위를 새긴 평화디딤돌을 놓고 있다.

국가 권력은 이 기억을 외면하고 서둘러 지우려고 하지만, 양국의 시민 사회가 지금 우리가 살고 있는 지역의 생활 공간에서 언제, 어떤 사람이, 어떻게 희생됐는지 늘 새롭게 확인하고 되새길 수 있도록 한 것이다.

평화디딤돌은 과거 전쟁과 반인도적 범죄로 희생된 이들, 역사 속에서 단지 숫자로만 남은 한 사람 한 사람의 삶과 죽음을 일상 공간으로 다시 불러내는 '기억의 상징'이다. 오늘날 이 땅에 살고 있는 사람들이 과거 같은 장소에서 살았던 평범한 사람들의 유린당한 삶의 진실을 확인하고 되새기는 '진실의 상징'이다. 역사적 진실을 바탕으로 진정한 민족 간 화해와 인류의 평화를 함께 모색하는 '평화의 상징'이기도 하다.

평화디딤돌을 놓기 시작하면서, 우리가 해오던 일들과 일본군 '위안부' 피해 여성을 위한 활동 사이의 접점을 분명하게 인식하게 됐다. 애초에 나뉘어져 있던 일이 아니었다. 기억과 책임, 그리고 화해를 말할 때, 그 모든 활동은 결국 같은 자리로 모이게 된다.

생각해보면 접점을 만든 건 역설적이게도 박근혜와 아베 정권의 합의 때문이었다. 그런 선언을 '합의'라고 부르며 모든 것을 종결지으려 했던 점에 많은 사람이 분노했다. 그러나 그로부터 몇 년이 흐른 뒤, 윤석열 정부는 일제 강제노동 문제를 더 일방적으로 처리해버렸다. 피해자의 목소리는 철저히 배제됐고 시민 사회와 전문가, 개인의 의견도 무시됐다.

한국의 윤석열 정권, 일본의 기시다 정권을 보며 나는 여전히 국제적으로 작동하고 있는 식민주의적 힘을 실감했다. 이 세력은 언제든 기회만 생기면 다시 권력을 쥐고 자신들의 이익을 위해 타인을 도구로 이용하려 한다. 정치는 물론, 언론과 미디어, 문화 전반에 이르기까지 그 영향력은 점점 더 노골적으로 확장되고 있다. 그래서 "모두가 침묵하고 있는 것은 아니다"라는 목소리를 내고 그 불씨를 살리고 싶었다.

지난 여름, 도노히라에게 말했다.

"내가 다시 힘 좀 내볼게요."

좀 쉬어보려 하면 또 일이 생기고, 다른 일로 방향을 돌리려 하면 꼭 뭔가가 다시 나를 끌어당긴다.

결국은 쉴 수가 없었다.

## 마음을 움직이는 작은 일부터 다시 시작하자

2023년 3월, 윤석열 정부는 '제3자 변제'안을 꺼내들었다. 일본 전범 기업의 책임은 묻지 않고 한국 정부 산하 공공 재단이 국내 기부금을 통해 강제노동 피해자들에게 보상금을 지급함으로써 한일 관계 회복을 모색하겠다는 것이다. 피해자들의 동의도 제대로 구하지 않은 이 방식은 역사의 정의를 가르는 중요한 원칙을 무너뜨리는 것이나 다름없었다. 피해자의 고통과 존엄은 사라지고, 국가가 '미래 지향'을 내세워 과거사 문제의 본질을 회피하는 현실에 말로 다 할 수 없는 충격을 받았다. 깊은 분노가 밀려왔다.

그 발표 직후 서울 시청 앞에서 열린 촛불 집회에 나갔다. 정의기억연대 이나영 선생과 김영환을 만났다. 늦은 시간이었지만 늦게라도 가서 응원하고 싶었다.

이들은 계속해서 일본 정부와 전범 기업을 상대로 관련 소송을 제기하고 규탄을 이어가고 있다. 그리고 언론을 통해 진실을 알리고 있다. 당연히 해야 할 일이다. 하지만 솔직히 마음 한편에서는 자꾸만 이런 생각이 들었다.

'너무 익숙하면서 외로운 일이다. 어떤 면에서는 너무 반복돼 효과가 줄어든 것은 아닐까?'

나도 '슈마리나이 선언' 같은 것을 이야기하지만, 반복되는 성명서와 규탄 발언을 누가 눈여겨보기나 할까?

그 모든 것이 필요하지만 동시에 어딘가 울림이 식어버린 느낌이 들었다. 반대하는 쪽과 찬성하는 쪽 모두가 일종의 매너리즘에 빠진 듯했다. 지금의 젊은 세대들에게는 어떤 호소도 닿지 않는 것처럼 보였다.

전에는 일본군 '위안부'나 강제노동이라는 단어만 들어도 많은 사람의 가슴이 끓고 분노가 일었다. 그런 시절은 이미 지나가 버린 걸까? 아니면 다시 원점에서 시작해야 할까?

"이게 이런 문제였어요."

"이런 아픔이 있어요."

이 일이 무엇이었는지를 알리고 사람들의 마음을 움직일 수 있는 작은 실천부터 다시 해야 할 것 같다. 이 선생과 김영환을 만나 나눈 이야기들도 그랬다.

"당신들은 이미 바쁘고 그 역할을 충분히 하고 있어요. 그런데 이제는 좀 다른 결을 가진 작업도 필요하지 않을까요?"

한국의 평화디딤돌과 일본의 동아시아시민네트워크가 그런 새로운 흐름의 기반이 돼야 한다.

일본에는 여전히 수많은 양심적인 시민이 있다. 홋카이도의 민중사발굴운동, 일본 전범 기업에 대한 사죄와 배상 요구, 일본군 '위안부' 문제, 강제노동 문제에 이르기까지 지난 수십 년을 묵묵히 싸워온 사람들이 있다. 그런데 어느 날 한국과 일본 정부가 담합이라도 하듯 문제를 덮어버리고 일본 언론이 일제히 "모든 게 해결됐다"는 분위기로 보도해버리면 그들 또한 얼마나 허탈할까?

"우린 도대체 그동안 뭘 한 건가. 한국은 저렇게 별일 아니라고 하는데……."

허탈감과 배신감이 들지 않을까? 과거사 문제를 한국과 일본 정부가 나서서 해결해야 할 문제로만 생각했던 사람들은 특히 더 허탈할 것이다.

권력자끼리 저렇게 담합해버리면 주류 언론과 미디어는 그것을 '해결'이라 부른다. 국가 최고 권력이 합의했다고 해서 문제의 본질이 사라지는 게 아닌데 말이다. 미디어 엘리트들은 기본적으로 권력 지향적인 성향이 강하기 때문에 그들에게 중요한 것은 '권력자들이 합의했다'는 사실이지 그 과정에서 어떤 삶과 진실이 짓밟혔는가는 중요하지 않다.

이런 상황이 정말 자신의 일생을 걸고 권력에 유린당한 사람들의 희생과 상처를 역사에 깊이 새기고 다시는 그런 일이 반복되지 않도록 노력해온 사람들에게 얼마나 큰 허탈함과 좌절감을 줄까. 나는 이 모든 것이 무력하게 끝나서는 안 된다고 생각한다. 어떻게 되살릴 수 있을까.

지금 필요한 것은 거대 규모의 시위나 성명서가 아닐 수도 있다. 우리가 그동안 해온 일이 무엇인지, 그리고 지금은 어떤 상태고 앞으로 어디로 가야 하는지 스스로 되묻고 다시 시작할 수 있는 계기, 그것을 만들어야 한다고 생각한다.

윤석열 정권 같은 권력이 이런 일을 저질렀을 때, 허탈해할 많은 사람 앞에 또다시 "촛불 들자", "광장으로 모이자"는 말을 반복하는 것만이 과연 해답일까? 그보다는 결을 달리하는 역동적인 활동, 작은 모임이라도 서로 힘을 나눌 수 있는 움직임이 더 절실하다고 느낀다. 사진전이든, 다큐멘터리 상영회든, 토론 모임이든, 문화적인 계기를 통해 정서적인 공감을 유발하는 일이 다각도로 벌어졌으면 좋겠다.

이제 '촛불'만으로는 부족하다. 그런 활동이나 모임 들이 궁극적으로는 더 큰 '촛불'을 다시 불러올 것이다.

역사에 대한 무책임함이 사회적인 관행이 되어버린 상황에서, 1997년 뜨거웠던 열흘 동안의 슈마리나이의 모습, 유골발굴, '70년만의 귀향' 등 동아시아 공동워크숍 활동의 역사를 담아 일본 주요 도시에서 열린 순회 사진전에 많은 사람이 모였습니다. 작은 순회 사진전에 생각보다 많은 일본의 양심적인 지식인, 여러모로 실망하고 좌절한 활동가와 시민운동가 들이 모여 새로운 결의를 다지며 일본 시민 사회에 양심을 불붙게 하는 힘이 모이고 있습니다. 2024년 가을, 새롭게 만들어지는 '슈마리나이강제노동박물관'. 이곳은 단순히 우리의 과거를 복원하는 것이 아니라 한국과 일본 시민 사회에 새로운 힘을 다시 한번 결집시키는 계기가 될 것입니다.

_-'슈마리나이 강제노동박물관 건립 후원 행사 스피치' 중에서

9장

# 강제노동박물관
# 건립

사람들 마음에는
사라지지 않는 기억이 있다

## 무너진 전시관을 다시 세우다

　2020년 1월, 슈마리나이 사사노보효전시관이 세월과 눈의 무게를 이기지 못하고 무너졌다. 다음 해 12월에는 부속 건물마저 화재로 소실되는 아픔을 겪었다.
　'사사노보효'는 우리말로 '조릿대의 묘표'라는 뜻이다. 조릿대는 키가 작고 무성한 대나무로, 강제노동 희생자들이 묻혀 있던 슈마리나이 공동묘지를 덮고 있었다. 유골발굴을 함께했던 이들에게 조릿대는 그 땅에서 벌어진 강제노동의 역사와 희생자를 상징하는 이미지로 자리 잡았다.
　사사노보효전시관은 1934년 한 불교 종파의 설교소에서 시작했다. 1935년부터 1943년까지 슈마리나이 지역에서 벌어진 철도와 댐 건설 현장에서 조선인과 일본인 노동자 200명 이상이 희생됐다. 시신이 이곳으로 운구되기 시작하면서 절은 점차 죽은 이들을 기리는 공간이 됐다.

희생자의 시신은 불교식 장례를 치른 후 인근 공동묘지 뒤편 숲속에 깊숙이 매장됐고 위패만 절에 남았다. 1947년에는 정식 사찰인 광현사로 개칭됐다.

1976년, 도노히라와 친구들이 광현사 본당에서 강제노동 희생자의 위패를 발견했고 그 후 지역 주민과 시민운동가 들과 함께 유골발굴과 유족찾기운동을 시작했다.

1995년 광현사는 소라치민중사운동에서 관리하게 되면서 사사노보효전시관으로 이름을 바꿨고, 강제노동의 역사를 알리고 희생자를 추모하는 공간이 됐다. 전시관은 1997년 '강제노동 희생자유골발굴 한일대학생공동워크숍'을 계기로 이 운동의 중심이자 상징으로 자리매김했다.

건물은 무너졌지만 사사노보효전시관이 품고 있던 기억과 의미는 결코 사라지지 않았다. 이곳은 수십 년간 슈마리나이 땅에서 숨진 수많은 강제노동 희생자의 삶과 죽음을 간직했다. 또한 일본과 한국, 동아시아 각지에서 온 시민이 국경과 민족, 세대를 넘어 함께 모여 역사적 진실과 화해를 모색하는 장이었다. '과거를 기억하고 현재를 몸으로 느끼며 함께 미래를 열어가기' 위한 방법을 탐구하는 공간이기도 했다.

전시관이 폭설에 무너진 뒤 많은 논의가 있었다. 붕괴된 모습 그대로를 보존하자는 의견도 있었고, 강제노동의 역사를 제대로 알릴 수 있도록 새 건물을 짓자는 주장도 있었다. 그 자체로 하나의 시간이자 역사가 됐으니 무너진 전시관을 그대로 두고 기억하자는 마음도 이해됐다.

결국 전시관 재건으로 의견이 모였다. 워크숍의 일본 측 구성원들이 중심이 되어 '사사노보효 재생 실행 위원회'를 조직하고 모금 운동을 시작했다.

각 도시를 돌며 '순회 사진전'을 열어 그동안 우리가 해왔던 일을 일본 사회에 알리고, 전시관 재건을 위한 자금을 모으기로 했다. 오사카, 교토, 도쿄 등 각 지역마다 과거 워크숍에 참여했던 이들이 중심이 되어 지역 실행 위원회를 꾸렸다.

가장 인상 깊었던 건 그 뜨거운 여름을 함께 보냈던 젊은이들이 전시를 계기로 다시 모였다는 것이다. 모두가 오랫동안 함께하지 못한 데 대한 미안함, 나름의 부채감을 마음속에 간직하고 있었다. 그래서일까. 자기 동네에서 전시관 재건을 위한 순회 사진전이 열린다고 하니 한시적이지만 정말 뜨겁게 마음을 쏟았다.

사진전은 어떻게 보면 굉장히 정적인 형식이다. 사진을 걸고 설명을 덧붙이면 관람객은 조용히 둘러보다 간다. 그걸 역동적으로 만든 것은 각 지역의 워크숍 참가자들이 자발적으로 꾸린 자원봉사단이었다.

"저는 2003년에 참가했어요."

"저는 2004년에 왔어요."

"그때 이후로 가지 못하고 소식만 듣고 있었는데, 이번에 우리 지역에서 열린다고 하니 꼭 해야겠다는 생각이 들었어요. 일주일 시간 내서 돕고 있어요."

이런 사람들이 모여서 전시 준비를 했고 끝나면 뒤풀이도 함께했다. 교토 강연이 끝나고 사진전 뒤풀이 자리에 잠깐 들렀는데 그렇게들 반가워했다. 이를 통해 초심을 되찾을 수 있었다고 했다. 오래전 그 여름날의 마음이 다시 살아나는 것 같다고도 했다. 자원봉사자로 나서서 사진전을 준비하고 진행하는 모습은 너무도 감동적이었다. 나는 일본 시민 사회의 힘을 새삼 다시 느꼈다.

순회 사진전의 목적은 재건을 위한 모금이었지만, 나는 그 전시가 단순히 모금에서 끝나는 자리가 아니었다고 생각한다. 전시의 더 큰 의미는 우리가 해온 일을 일본 사회에 소개하고 의미를 함께 나누는 데 있었다. 순회 사진전이 열릴 때마다 그 지역에서 워크숍에 참가했던 사람들이 소문을 듣고 혹은 신문 기사를 보고 찾아오곤 했다.

더 많았던 건 양심적인 일본 시민의 참여였다. 오래전부터 과거사 문제에 관심을 갖고 활동해왔던 사람들도 있었다. 뭔가 허탈감 같은 걸 안고 있는 모습이랄까. 특히 국가 권력이 담합해서 "이제 다 끝났다"는 식으로 정리해버린 것에 깊이 실망하던 사람들이었다.

알고 보면 다 양심적인 사람들이다. 자기 생애에서 결코 짧지 않은 시간을 이 문제에 바쳐왔던 이들이기에 자신이 해온 일이

헛수고로 느껴질 수도 있었을 것이다. "결국 이렇게 될 일이었으면, 뭐 하러 그리 힘들여 싸웠을까?" 그런 생각이 들 법한 안타깝고 허탈한 상황이었다. 그런 마음을 안고 찾아온 사람들에게 순회 사진전은 하나의 계기가 됐다. 사진전의 내용은 이들에게 메시지가 되는 듯했다.

"아니야. 당신이 해온 일, 우리가 함께해온 시간에는 분명한 의미가 있어. 지금 우리가 마주한 현실은 그 의미를 지워버릴 수 없어. 권력이 담합해서 내린 결론으로 끝낼 수 있는 문제가 아니야. 여전히 과제가 남아 있고 그 일은 지금도 유효해."

그런 이야기를 사진전과 자원봉사자들의 열기를 통해 전할 수 있었다.

이 순회 사진전은 주류 미디어 안에서도 일정 정도 받아들여졌다. 큰 기사로 다뤄지진 않았지만 순회 사진전의 의미를 읽어내는 언론이 있다는 점에서 위안을 얻었다. 일본 사회는 워낙 지역성이 강해 이런 흐름이 각 지역에서 어떤 식으로든 이어질 수 있다는 희망도 보였다.

### 강제노동 현장에 세워진 첫 번째 박물관

사사노보효전시관의 붕괴를 그저 내버려둘 수 없다는 마음이 한국과 일본을 넘어 대만을 비롯한 세계 각지에 전해졌다. 모인 금액이 6천만 엔을 넘어섰다. 처음에는 3천만 엔만 모여도 큰 성과라고 생각하며 시작한 일이었다. 그런데 순회 사진전을 이어가면서 점점 힘이 붙기 시작했다.

'70년만의 귀향'을 담은 플래스 선생의 다큐멘터리 〈길고 긴 잠〉에 대한 관심도 커졌다. 많은 이가 DVD를 구입했고 전시장에 긴 시간 머물며 다큐멘터리를 시청했다. 그걸 보며 워크숍 활동과 그 기록이 일본 시민들의 마음에 울림을 주고 있음을 실감했다.

시민들의 마음이 움직이자 후원 규모가 눈에 띄게 커지기 시작했다. 도노히라도 모금액이 늘어나는 걸 보며 연신 감탄했다. 그런 일들을 지켜보며, 시간이 흘러도 사람들 마음에는 여전히 사라지지 않는 기억이 남아 있다는 것을 느꼈다.

그렇게 모인 마음으로 2024년 9월 28일, '슈마리나이강제노동박물관'이 문을 열었다. 사사노보효전시관이 눈 속에 무너져내린 지 4년 8개월 만이었다.

이 박물관은 일본에서 최초로 강제노동 현장에 세워졌다는 점에서 깊은 역사적 의미를 지닌다. 이곳은 과거를 전시하거나 소개하는 데 그치지 않는다. 바로 그 땅, 그 현장에서 이뤄진 강제노동의 기억을 오늘의 시민들이 잇고자 한 결과물이다. 국경을 넘어 모인 사람들의 손으로 지어진 이 공간은 전쟁과 식민주의로 인해 파괴된 개인의 삶을 기록하는 기억의 장소이며 동시에 다시는 그런 일이 반복되지 않도록 하는 시민 사회의 윤리적 실천이자 교육의 장이 될 것이다.

　슈마리나이강제노동박물관은 과거를 은폐하려는 권력의 시도와는 정반대의 길을 걷는다. 이곳은 희생자를 기억하고 추모하는 힘으로 공동의 책임을 일깨우는 장소로 존재할 것이다. 나는 이곳에서 우리가 다시금 경계를 넘어선 연대의 의미를 배우게 되기를 바란다.

## 이스트 아시안 드림을 상상하다

　1986년, 유럽 여행을 하면서 나는 국경이라는 개념이 점점 사라지는 모습을 목격했다. 2003년에 다시 유럽을 찾았을 때는 '국경이라는 게 존재하긴 하는데, 정말 의미가 없어질 수도 있구나' 하는 깨달음을 얻었다. 이것이야말로 통합이 아닌가 싶었다. 국가도 있고 정체성도 존재하지만, 그것이 장벽이 아니라 삶의 다양성으로 드러나는 모습을 봤다.

　유럽은 민족과 종교, 국가와 이데올로기의 수많은 충돌을 겪어온 공간이다. 두 차례의 세계대전을 치른 그들이 이제는 국적과 경계를 넘어 '유럽인'이라는 이름으로 함께 살아가고 있다는 사실은 내게 강한 인상을 줬다. 진정한 '유러피안 드림The European Dream'

을 이뤄가고 있었다.

　나는 그때 '남북이 그렇게 되는 날이야말로 진짜 통일이 아닐까' 생각했다. 하지만 남북한의 노력만으로는 통합이 가능하지 않다. 패권을 추구하는 전 세계의 세력은 증오와 혐오를 부추기고, 다시 경계를 쌓고, 심지어 전쟁도 불사한다. 푸틴처럼 새로운 경계를 만들어내고 사람들을 전쟁으로 몰아넣는 권력자가 그런 행태의 대표적인 사례다. 나는 이 시대를 '통합파'와 '패권파' 혹은 '연합파'와 '제국파'의 충돌로 보고 있다.

　그런 맥락에서 동아시아는 어떻게 해야 현재의 경계를 허물고 정체성은 유지하면서도 일상에서의 통합을 이뤄낼 수 있을지를 고민하게 된다.

　나는 일종의 'East Asian Dream'을 상상해본다. 하지만 국가권력이 결코 그런 지향을 만들지 않을 것이다. 어쩌면 자본이 먼저 어떤 흐름을 만들 수도 있다. 물론 그것 역시 양면성을 지니고 있지만, 그렇다고 무시할 수는 없다. 결국 통합은 우리 모두가 함께 고민하고 실현해야 할 핵심 과제다.

　유골발굴을 비롯한 워크숍의 전 과정에서 한국과 일본을 넘어 재일동포의 참여, 그리고 아이누와의 연대는 이 일의 의미를 가르쳐주는 중요한 경험이었다. 이에 더해 대만 젊은이들의 참여, 그리고 오키나와 유골 발굴 경험도 동아시아의 연대를 꿈꿀 수 있게 하는 계기가 됐다.

대만 청년들이 워크숍에 참여하게 된 것도 중요한 전환점이었다. 2017년에 워크숍 20주년을 맞아 대만에서 20~30명의 참가자가 대거 찾아왔다. 그동안 우리는 '동아시아'라고 하면 늘 중국이라는 거대한 파트너를 먼저 의식했다. 실제로 2006년에는 중국 허베이대학교河北大學 교수와 학생 들이 워크숍에 참여했었다. 재중동포 참가자도 있었다. 하지만 국가주의의 영향 때문인지 중국 참가자들의 태도는 시민운동에 대한 의식이 있는 다른 워크숍 참가자들과 접점을 만들기 어려웠다. 아직 거리감이 있었다.

반면 대만 참가자들은 중국의 지속적인 압박과 자국 내 억압에 맞서 싸워온 역사와 기억을 지니고 있다. 국민당 정권 시절의 사상 통제, 원주민에 대한 탄압과 학살의 기억은 대만 사회의 민주화 과정과 맞물려 서서히 열리기 시작했다. 그 속에서 대만 젊은이들은 소수자성과 민주화 의식, 그리고 억압된 기억에 대한 감수성을 키워왔다. 이 점에서 워크숍이 지닌 문제의식과 대만 참가자 사이에는 자연스럽게 접점이 생겼다.

오늘날 대만은 미국과 중국 사이의 정치적 긴장이 고조되는 가운데, 일종의 '시험대'에 서 있다. 그런 현실을 생각하면 대만 청년들의 참여는 동아시아에 던지는 의미 있는 신호다.

오키나와에서 유골발굴 때 마주한 현실은 홋카이도의 아이누와 유사하면서도 다른 결을 갖고 있다. 실제로 오키나와에 가보면 이 섬이 얼마나 끔찍한 내부 식민지인지 절감하게 된다. 그렇게

맥이 빠진 사회는 일본의 다른 어떤 지역에서도 본 적이 없다. 도드라지는 가난과 스스로의 힘으로 살아갈 수 있는 자발적 발전의 기회를 잃어버린 듯하다.

오키나와는 일본 근대화의 내부 식민지이며 오키나와 사람들은 지금까지도 차별의 상처를 안고 살고 있다. 오키나와에는 미군이라는 패권과 지배가 있고, 그 아래에서 자율적인 성장을 억압당하거나 포기한 사람들이 견뎌내고 있는 이중적인 구조가 존재한다. 그렇기에 오키나와에서의 경험은 워크숍의 활동과도 깊이 맞닿아 있었다. 워크숍이 지향해온 '기억과 연대'가 이 땅에서도 필요하고 의미 있다는 걸 확인하게 됐다.

나는 오늘날의 디지털 문명과 미디어 환경이 부작용을 낳기도 하지만, 동시에 정치·지리적 경계를 절대적인 벽으로 만들지 않게 하는 하나의 문명적 교란 요인이라고 생각한다. 사회적이고 경제적인 조건들, 그리고 국가 간의 얽힌 이해관계들 역시 경계를 절대화하지 않도록 만드는 문명적 교란 요인이 될 수 있다. 이 모든 것이 새로운 상상력을 가능하게 만드는 틈이 되어준다.

낡은 정치적 헤게모니hegemony를 복원하려는 세력들의 책동은 끊임없이 경계하고 견제해야 한다. 우리는 좀 더 개방적이고 포용을 지향하는 통합의 방향으로 조심스럽지만 단호하게 나아가야 한다.

그런 의미에서 나는 슈마리나이가 '통합의 경험'을 선취하는 장소가 되기를 희망한다.

## 뜨거웠던 여름의 기억이 연결되고 움직이기를

일제 강제노동 희생자의 유골발굴과 유족 찾기, 그리고 '70년만의 귀향'에 이르기까지 그 모든 일은 20년이 넘는 시간과 수많은 사람의 끈질긴 노력이 이뤄낸 결과였다. 그 과정에서 크고 작은 규모의 워크숍이 꾸준히 이어졌다. 많을 때는 200명이 넘는 이들이 함께했고 적을 때도 30~40명은 늘 참여했다.

그렇게 1997년부터 매해 여름이면 어김없이 열리고 있는 워크숍 참가자는 연인원 3,000명이 넘는다. 참가자의 국적도 배경도 살아온 경로도 실로 다양하다.

수많은 사람이 시간과 노력을 아끼지 않고 그만큼 깊고 의미 있는 경험을 했다는 점에서 이 활동은 분명 교육적인 가치가 있다. 하지만 그런 활동과 경험이 사회적 기록으로 충분히 남아 있지 않다는 점은 매우 안타깝다. 힘이 모였다가 흩어지고 또다시 모였다가 흩어지는 일이 반복됐다.

무엇보다 안타까운 건, 워크숍에 함께했던 구성원 중 이 주제를 본격적으로 연구하는 사람이 지금까지도 없다는 사실이다. 나도 마찬가지다. 그 점이 늘 마음에 걸리고 부끄럽기도 하다.

이런 활동 방식은 워크숍에 관심 있는 사람들의 참여를 유도하고 그들과 네트워크를 형성하는 데 어려움을 준다. 예컨대, 순회 사진전에 우연히 들렀다가 자원봉사자에게서 워크숍 이야기를 들은 사람들이 "다음에 또 열리면 꼭 알려주세요. 참여하고 싶어요"라고 말하는 경우가 많았다. 나에게 직접 연락한 사람도 적지 않았다.

　　미국 대학에서 〈길고 긴 잠〉을 상영하며 워크숍 활동에 대해 강의한 적이 있는데, 그때 만난 학생들 중 "워크숍이 있으면 꼭 알려주세요. 참여하고 싶어요"라고 말한 이들도 있었다. 그런데 우리는 그런 관심을 체계적으로 연결하지 못하고 있다. 더 적극적으로 관계를 형성하고 "이번에 이런 행사가 있으니 다시 참여해보라"고 제안할 수 있는 네트워크가 있어야 한다.

　　한국에서도 적지 않은 이들이 워크숍에 함께했다. 지금도 마음속에 뜨거웠던 여름의 기억을 품고 있을 것이다. 나는 그 여름의 기억을 품고 살아가는 사람들이 오늘의 시대를 자각하며 깨어 있기를 바란다. 특히 가해자의 책임은 흐려지고 피해자의 목소리는 지워진 채 과거를 묻지 않는 '미래 지향'만이 강요되고 있는 기이한 기억의 공백 상태에 문제의식을 품었으면 한다.

　　더 나아가 워크숍에서 우리가 함께했던 일과 지금 벌어지는 현실의 문제를 연결지어 생각하고, 한 번 더 이 이야기를 붙들고 세상을 바꿔보자는 마음을 품는 사람들이 나타나기를 바란다.

그렇게 서로 다시 연결되고, 다시 움직이기를 진심으로 희망한다.

실천인류학Action Anthropology을 제창한 솔 택스Sol Tax는 실천인류학과 응용인류학의 차이점은 철저히 주민의 편에서 연구하고 주민 스스로 실천할 수 있도록 돕는 데 있다는 점을 강조했다. 그는 실천인류학자의 입장과 방법론에 대해 이렇게 설명했다.
"실천인류학자는 인류적 문제를 자신의 문제로 받아들여서 이에 깊이 개입하고 실천적 맥락에서 연구해야 한다. 따라서 자신을 단순한 관찰자나 촉진자로 가둬두지 않아야 한다. 인간 문제를 해결할 책임을 스스로 알고 문제가 풀릴 때까지 그 문제에서 물러서지 않아야 한다."

_〈기억과 추모의 공공인류학〉 중에서

에필로그 철부지 소년이
실천인류학자가
되기까지

## 10월 유신이 10대 청소년을 바꿔놓다

중학교 입학시험 한번 잘 본 덕에 나는 고등학교 3학년 때까지 엘리트로 살았다. 그때는 경기중학교와 경기고등학교 교복만 입고 다녀도 모르는 사람이 이것저것 사줄 정도였다. 그만큼 인정받는 엘리트였고 나는 그 특권을 누렸다. 다른 학생들이 입시 공부에 매달릴 때 경기중학교 학생들은 상대적으로 여유가 있었다. 나는 그 시간을 마음껏 즐기며 대부분을 보이 스카우트 활동에 쏟았다. 열정적으로 임한 만큼 뛰어난 성과를 냈고 타이거 스카우트상을 비롯해 여러 상을 받았다. 고등학교 1학년 식목일에 효창 운동장에서 전국의 보이 스카우트가 모인 대규모 행사가 열렸고 나는 명예 스카우트로서 박정희 대통령에게 직접 훈장과 태극기를 받았다. 이후 광화문까지 태극기 행진을 이어갔다. 그리고 그 다음 해, 나는 박정희에 반대해 감옥에 가게 됐다.

1972년 10월 17일, 10월 유신과 동시에 군사 계엄령이 내려졌고 전국의 대학교는 모두 폐쇄됐다. 그때 나는 고등학교 2학년이었다. 학교에 가려고 광화문에서 버스를 내렸는데, 앞에는 탱크가 멈춰 서 있고 기관총을 든 군인들이 중앙청을 에워싸고 있었다. 총검까지 착검한 채 완전 무장한 군인들의 모습은 삼엄하기 그지없었다. 하지만 나는 그들의 모습을 '폼난다'고 여겼다. 아무 생각 없는 철부지였다.

첫 수업이 끝나고 쉬는 시간이 되자, 화창하지만 쌀쌀한 날씨 때문에 친구들이 양지바른 곳에 모여 있었다. 나는 그들에게 다가가 "야, 학교 오는데 군인들이 총검까지 착검하고 서 있더라. 폼나지 않냐?"라고 말을 건넸다. 친구는 나를 한심하다는 듯 쳐다보더니 "야! 민주주의가 죽었는데 뭐가 폼나냐!" 하고 쏘아붙였다. 그 자리에서 뭐라고 대꾸도 못하고 교실로 돌아왔다. 수업이 귀에 들어오지 않았다. '이게 뭔가……' 하는 생각에 잠겼다. 수업 시간 동안 마음속에서 무언가가 자라는 것을 느꼈다.

다음 쉬는 시간에 교실 뒤편에서 몇몇 친구를 만났다. "야, 민주주의가 죽었는데 가만히 있을 수 없지 않냐?"라고 운을 뗐다. "대학교도 문 닫았고 지금 열려 있는 곳은 고등학교밖에 없는데 어떤 뜻을 얘기해야 하는 거 아니냐?"는 식으로 말을 이어갔다. 그 다음 쉬는 시간이 되자 몇몇 친구가 더 찾아와 "너 뭐 하기로 했다며?" 하고 물었다. 그때부터는 말에 책임을 져야 하는 상황이 됐다.

나는 실행력이 좋았다. 보이 스카우트 활동으로 기획하고 작전을 짜 캠핑이나 행사를 무수히 치렀기 때문이다. 점심시간이 되자 친구들 사이에서는 "병호가 뭐 하기로 했다"는 소문이 퍼졌다. 나는 보이 스카우트 반장이라 교내에서는 꽤 이름이 알려져 있는 편이었다. 그렇게 문예반장, 신문반장, 향토봉사반장 등 여러 친구가 나를 찾아왔고 방과 후에 중국집에서 모였다. 그 이후부터는 보이 스카우트 활동으로 단련된 솜씨를 발휘해 계속 작전과 기획을 이어나갔다.

우리는 헌법 초안이 반민주적인 총통제 체제를 만들어낼 것이라 확신했다.

"미리 공부하고 준비하자!"

열흘이라는 짧은 시간 동안 우리는 숨 가쁘게 움직였다. 10월 27일, 헌법 초안이 발표됐고 우리는 이틀 만에 반박 초고를 완성했다. 문예반 친구 중 한 명이 독일문화원에서 독일어를 공부했는데, 그곳에 윤전기輪轉機가 있다고 했다. 모든 계획을 완벽하게 세팅한 우리는 일요일 밤에 윤전기를 돌려 유인물을 인쇄했고 밤늦게 학교에 몰래 들어가 배포했다.

미리 보이 스카우트 반실 창문의 못 하나를 빼놨는데, 그곳을 통해 건물 안으로 잠입했다. 각 교실 책상 서랍 속에 유인물을 넣었다. 모든 책상에 넣으면 전부 압수당할 수 있어서 넣을 곳과 넣지 않을 곳을 구분했다. 친구들이 몰래 들고 나갈 수 있게 일부는 숨겨뒀다. 청소함에도 넣었다. 전부 수색당해도 어딘가에서 뭉텅이로 발견될 수 있도록 학교 곳곳에 유인물을 심어놨다. 지문이 남을까 봐 장갑까지 끼는 등 영화에서 본 작전을 총동원했다. 걸릴 일은 없을 것이라고 확신했다.

월요일이 됐다. 오전 조회 시간, 수도경비사령부 헌병대 트럭 두 대와 지프차 한 대가 학교로 들어오는 것이 보였다. 트럭에는 헬멧을 쓰고 총검을 착검한 헌병이 가득 타고 있었다. 트럭은 우리 옆을 지나 평소 학생들의 출입이 쉽지 않은 본관 앞에 멈춰 섰다. 헌병들은 군홧발 소리와 함께 교장실로 들어갔다. 우리는 조회 시간 내내 얼어붙어 있었다.

그렇게 사흘이 지났다. 우리 중 아무도 잡히지 않고 있었는데, 갑자기 한 친구가 잡혀 들어갔다. 그의 아버지가 "우리 아들이 이상하다"며 신고한 것이었다. 그런 시대였다. 독재 정권에서는 늘 있는 이야기다. 그 친구의 아버지는 정보 계통에서 일하는 사람이었는데, 경기고등학교에서 사건이 터진 후 아들이 며칠 동안 계속 외박을 해서 수상한 낌새를 느꼈다고 했다. 그의 아버지는 '어차피 잡힐 텐데 내가 먼저 불면 아들은 면할 것'이라고 생각했다. 우리는 잡혀 들어가면 무조건 불기로 약속했다. 맞을 이유가 없으니 버티지 말고 다 불자고 약속했다. 그런데 그 친구는 버텼다. 나는 유인물을 잔뜩 가지고 도망 다녔다.

숨어 다니던 어느 날, 혜화동 로터리에서 김민기 선배를 마주쳤다. 보이 스카우트 선배였다. 고등학교 2학년 학생이 평일 대

낮에 배낭을 메고 혜화동을 어슬렁거리니, 김민기 선배는 다짜고짜 "너 일 쳤지?"라고 물었다. 학교에서 유신 반대 사건이 터진 것을 알고 있던 그는 나를 보자마자 바짝 끌고 친구의 아틀리에로 향했다. 그곳에 있던 김석만 선배는 "너 도망은 산으로 가는 게 아니다. 금방 신고 들어간다!"라면서 적당한 시점에 자수하라는 조언과 함께 취조받는 요령까지 가르쳐줬다. 그런 치밀한 코치를 듣고 나니 도망 다니면서도 마음이 꽤 든든했다.

### 경찰서에서 구치소까지, 자유를 위한 갈망이 싹트다

친구네 집에서 나를 신고했다. 자기 자식까지 위험에 처할 수 있다고 판단해 밀고한 것이다. 하지만 경찰이 아닌 학교 담임 선생님께 신고해 선생님이 나를 데리고 자수하는 모양새를 만들었다.

종로경찰서 유치장에 갇혔다. 당시 종로경찰서 유치장은 일제강점기에 만들어진 원형 감옥이었다. 그야말로 원숭이 우리 같았다. 유치장에 들어서자마자 형사들은 교복에서 명찰과 배지를 사정없이 뜯어내며 "너희들은 말이야, 학생도 아니야!"라고 소리쳤다. 명찰과 배지가 내던져질 때마다 기가 푹 꺾였다.

숨죽이며 유치장에 앉아 있는데 형사들의 표정이 굳어졌다. 그전까지는 우리를 어르고 달래다 야단치기를 반복하던 그들이었다. 그런데 순식간에 얼굴에서 긴장이 느껴졌다.

"이 고등학생들을 어떻게 수도경비사령부 헌병대로 넘깁니까?"

형사들은 우리보다 더 당황한 듯 중얼거렸다.

"야! 이놈들아. 지금 얼마나 무서운 세상인지 알아? 이것들이 아무것도 모르고……."

그들은 우리를 안쓰럽다는 듯 바라보며 "가서 잘해"라는 말과 함께 이송했다. 눈빛에는 우리에 대한 안타까움이 묻어 있었다.

필동 대한극장 뒤편의 한옥마을. 그곳이 예전 수도경비사령부 본부였다. 거기 헌병대로 끌려갔다. 가자마자 곤봉이 눈앞에 나타났다. 밤이 되자 우리는 버스에 태워져 서대문 구치소로 이감됐다. 수도경비사령부 헌병대 안에 영창이 있긴 했지만, 고등학생들을 군 영창에 넣는 것은 좀 부담스럽다고 생각한 모양이었다. 우리는 서대문 구치소에 갇혔고 버스를 타고 수도경비사령부 헌병대 검찰관실을 오가며 심문을 받았다.

"벗어!"

그들은 11월의 차가운 공기 속에서 우리의 옷을 빨가벗겼다. 알몸으로 쫙 줄 세워진 우리는 몸을 제대로 가눌 수 없었다. 소방 호스에서 뿜어져 나오는 차가운 물줄기가 사정없이 덮쳐왔다. 뼛속까지 냉기가 스며들었다. 덜덜덜 떨리는 몸은 통제 불능이었다. 사람은 옷을 벗으면 이렇게나 초라해지는 존재였다. 기가 완전히 죽었다. 추운 날씨에 찬물까지 끼얹어지니 몸이 너무 떨려서 제대로 서 있기도 힘들었다. 나는 의지력으로는 도저히 어찌할 수 없는 일이 세상에 존재한다는 것을 그 순간 처음으로 깨달았다. 분노해야 마땅한 상황이었지만, 무릎은 달달달달 떨리고 분노는커녕 남은 건 오직 형언할 수 없는 수치심뿐이었다.

경기고등학교에서 일곱 명이나 잡혀 들어갔으니 장안에 소문이 안 날 리가 없었다. 사람들의 관심은 '그 애들을 어떻게 하나'였고, 동시에 우리를 잡아넣은 쪽에서도 고민이 깊어졌다. 고등학생들에게 실형을 선고해버리면 해외 언론의 보도거리가 될 수 있는 사안으로 유신 정권의 체면이 깎일 일이었다. '고등학생들까지 반발해서 실형을 선고받는 나라'라고 세계 언론에 보도되면 곤란한 일이 벌어질 테니 '혼만 내고 보내자'는 결론이 내려진 것 같다. 한 달 정도 지난 어느 날, 윤필용이 직접 우리를 불렀다. 그는 당시 '넘버 투 맨'이라고 불리는 권력의 핵심 인물이었다.

"내가 용서한다! 너네들 그냥 학교로 가!"

그러더니 헌병들에게 "애들 학교 데려다줘라!" 하고 지시했다. 우리는 죄수복 차림 그대로 학교로 돌아왔다. 돌이켜보면 순진무구한 보이 스카우트 대원이었던 내가 시대적 상황 속에서 나름의 순진한 발상으로 어쩌면 낭만적이기까지 한 기획을 감행한 것이다. 역사 소설에나 나올 법한 그런 일을 겪으며 정체성이나 내면에 큰 동요가 있었다. 그 후 나는 저항하는 삶의 태도를 갖게 됐고 자유를 향한 갈망이 내면 깊이 각인됐다.

## '문화운동'의 세례를 받다

구치소에 갔던 일보다 더 큰 충격은 대학 입시에 떨어진 일이었다. 머리를 빡빡 깎고 대성학원에 등록했다. 등록은 했지만 내 모습은 한심하기 짝이 없었다. 구치소에 있을 때보다 더 한심했다. 한국 사회에서 재수생은 어디에도 소속되지 못하는 존재였다.

"아……. 이 상태로 1년을 더 지내야 하나……."

한숨밖에 나오지 않았다.

그러던 어느 날, 우연히 김민기 선배가 새로운 장르의 극을 준비하고 있다는 소식을 들었다. 재미있을 것 같았다. 때마침 3월이었다. 대학 입시까지는 한참 남았고, 구치소에서 나온 후에는 고등학교 3학년이었어서 김민기 선배를 제대로 만나지도 못했기에 한번 보고 싶었다. 찾아가니 김지하를 비롯해 여러 사람이 모여 〈소리굿 아구〉라는 마당극을 준비하고 있었다. 작품은 김민기 선배의 것이었지만 정권의 감시 때문에 그의 이름을 내걸 순 없었다. 나는 자연스럽게 그곳의 '일손'이 됐다. 필요한 일들이 하나둘 눈에 들어왔다. 극의 주인공인 아구 역은 김석만 선배가 맡고 있었다. 나는 그들과 함께 거의 한 달을 먹고 자며 지냈다. 정말 신나게 일했다.

공연이 끝난 밤이면 우리는 대학로 카페의 원조라 할 만한 타박네로 향했다. 거기서 밤새 술을 마시고 대화를 나눴다. 그때 나왔던 이야기들은 정말 흥미로웠다. 프란츠 파농Frantz Fanon의 식민주의와 제국주의, 탈식민 담론까지. 나는 그것들을 스펀지처럼 흡수했다.

공연이 끝나고 오랜만에 친구들을 만났다. 친구들이 나에게 변한 것 같다고 했다.

"어, 너 확 달라졌는데? 얼굴에서 광채가 나는 것 같아!"

사람은 그렇게 변하는 것이었다. 스스로는 잘 느끼지 못했지만 문화운동의 세례를 흠뻑 받은 나는 내면 깊은 곳까지 변화하고 있었다. 인생에서 그런 정도의 변화가 그때 한 번 있었다.

## 야학 교과서를 만들며 인류학에 매료되다

1972년부터 1980년까지 나는 선고유예 상태였다. 당시에 시위가 많지는 않았지만, 나는 여러 차례 시위를 기획했음에도 나설 수는 없는 처지였다. 그 무렵 이미 문화운동 쪽에 더 관심이 가 있었다. 그러던 어느 날, 야학을 운영하던 한 선배에게 교과서 만들기를 도와달라는 부탁을 받았다.

"이왕 할 거 화끈하게 하죠."

그래서 아예 전 과목 야학 교과서를 만들기로 계획을 세웠다. 대학생들 약 40명을 모아 두 달간 합숙했다. 물리, 화학, 생물 등 과목별로 공부도 잘하고 의식 있는 친구가 많이 모였다. 나는 그 프로젝트의 '엄마'였다. 매일 밖으로 나가 모금을 하고 식재료를 구해 와 모두의 먹을거리를 책임졌다. 저녁에는 회의를 주재하고 다시 사람들을 만나 돈을 모으는 일을 반복했다. 보이 스카우트 활동을 통해 단련된 기획력과 실행력은 이런 상황에서 빛을 발했다. 40명이 두 달간 먹고 지내는 것을 꾸려나가기란 쉽지 않았지만, 어떻게든 해내며 야학 교과서 만들기 프로젝트를 진행했다.

두 달을 합숙했지만 정작 그중 40일 가까이는 논쟁만 하며 보냈다. 지금 생각해보면 당연하다. 20대 대학생들이 단기간에 만족할 만한 결과물을 만들어내는 건 쉬운 일이 아니다. 방향을 정하고 기존 교과서 내용을 축약해서 만들 수도 있었겠지만, 논쟁은 본질적인 문제를 파고들었다. 옳고 그름의 기준이 흔들리는 그 과정에서 나는 인류학을 공부하게 되는 결정적인 계기를 맞았다.

"가치관이 달라지면 모든 이야기가 달라진다"는 것을 깨달았다. 단순히 방법론의 문제가 아니었다. 세계를 인식하는 틀 자체가 근본적으로 바뀔 수 있음을 절실히 느꼈다. 예를 들어, 생물 교과서를 만들 때도 당시 유행하던 '발전주의'와 새롭게 부상하던 '생태주의'가 충돌했다. 역사 과목에서도 프란츠 파농이나 파울로 프레이리의 탈식민주의적 관점이 들어오면서 제국주의와 식민주의에 대한 저항이 중심에 놓였다. 그런 관점들은 단순한 지식이 아니라 살아 있는 가치로서 우리에게 깊은 충격을 줬다.

야학 교과서를 만들면서 인류학이라는 학문을 알게 됐다. 야학 교과서를 만드는 일은 단순히 교육학이나 교수법 같은 '방법론'의 문제가 아님을 깨달았다. '가치관'이었다. 옳고 그름의 판단은 어떤 철학이나 입장에 서느냐에 따라 달라졌다. 하나의 관점에서는 옳다고 여겨지는 것이 다른 입장에서는 그렇지 않았다. 심지어 그것은 시대와 나라에 따라 달랐다. 그때 나는 '국가'라는 단위가 기준이라고 생각했지만, 곧 그것이 '문화'에 따라 달라진다는 사실을 알았다. 국가라고 하면 나도 그냥 주류의 이야기에 편승하고 있는 것 아닌가 하는 의문이 들었다. 그렇다면 나와 어용 지식인 사이에 무슨 차이가 있겠는가. 그런 물음이 생겼다.

인류학 공부를 결심하게 된 계기는 간염이었다. 당시 나는 저변에서부터 문화를 바꾸려면 달동네에서 어린이집부터 시작해야겠다고 생각했다. 친구들과 함께 가난한 동네에서 야간보육학교를 만들었고, 이어서 난곡 산동네에 해송유아원을 만들고 있었다. 그러다가 무리를 했는지 간염에 걸려 한 달 가까이 앓았다. 간염에 걸리면 절대 안정해야 한다. 꼼짝도 못 하고 드러누워 있는 동안 처음으로 인류학 책을 읽었다. 간염에 걸리지 않았다면 평생 읽지 않았을지도 모른다.

책을 읽으며 인류학이 현장을 이해하는 데 어떤 도움이 될 수 있을지 생각했다. 예컨대, "선생님은 정장을 입어야 한다", "사투리를 쓰면 안 된다", "외모가 단정해야 한다"와 같은 교육 현장의 지배적인 가치관과 규범 들이 있다. 현장에서 규범에 저항하는 일은 생각처럼 간단하지 않다. 하나하나를 설득하고 넘어서려면 '논리'가 필요한데, 그 논리가 늘 약했다. 내 안에도 확신이 없었고 설명할 언어도 부족했다.

그때 내가 찾던 논리는 교육학에서 말하는 방식이 아니었다. 일종의 가치관 문제였다. 말리노프스키 책을 읽고 그 가치관이 문화마다 다를 수 있다는 걸 알게 됐다. 조금 더 읽어 보니 우리가 당연하게 여겼던 가족 체계나 심리 구조조차 보편적이지 않다는 것을 알았다. 예를 들어, 모계 사회에서는 외삼촌이 중심이 되는 방식으로 권력이 분배되며 욕설이나 감정 표현도 전혀 다른 문화적 맥락에서 나타난다고 했다. 인간의 사고방식이나 관계를 맺는 방식이 각 문화의 구조 속에서 형성된다는 것이었다. 책을 읽으며 내 생각도 바뀌었다. 국가마다 다른 게 아니라 문화마다 혹은 계급마다, 환경이나 조건에 따라 인간의 가치관과 행동 양식은 달라질 수 있다.

간염에 걸려 드러누운 채 아무것도 못하던 그 시간 덕분에 오직 인류학 책에만 집중할 수 있었다. 정치학이나 교육학과는 다른 좀 더 본질적인 가치를 사유하는 학문이 바로 인류학이라고 느꼈다.

## 미국에서 드디어 시작한 인류학 공부

유신시대에 선고유예로 지내는 외아들은 부모님에게 큰 걱정거리였다. 특히 '녹화사업'이 시작되면서 부모님의 걱정은 커져만 갔다. 운동권 학생들이 군대로 끌려가 사고사를 당했다는 소문은 현실로서 피부에 와닿았다. 부모님의 걱정은 이만저만이 아니었다. 박정희 정권이 얼마나 지속될지 알 수 없었던 상황 속에서 부모님은 결국 이민을 결심했다. 수속을 모두 마쳤을 때 박정희가 암살당했다. 정권의 붕괴와 함께 '서울의 봄' 시기가 오면서 나는 잠깐 '이민 가지 말까?' 생각했다. 친구들도 "안 가면 안 돼?" 하며 말렸다.

당시 친구들과 봉천동 산동네에 해송유아원을 막 시작해 본격적으로 돌아가고 있을 때였다. 나는 전업 활동가로 1년째 일하고 있었다. 그때는 "지금 한국에서 할 일이 많은데 떠날 수 없다"고 생각했다. 하지만 '서울의 봄'은 잠시 열렸다가 곧 닫혔다. 정권이 완전히 넘어가기 전, 아주 잠시 열린 기회의 틈을 타 1980년 1월 15일에 미국으로 떠났다. 그날이 아직도 또렷하게 기억난다. 얼마 지나지 않아 전두환 정권이 들어섰고 다시 출국은 어려워졌다.

어쨌든 미국에 갔으니 드디어 인류학 공부를 해보기로 했다. 사실 인류학이 구체적으로 무엇을 공부하는 학문인지조차 제대로 알지 못했지만 어쩐지 끌리는 데가 있었다. 대학원 입학을 준비하며 영어로 자기소개서를 썼다. 영어 잘하는 여자친구 진경이 자기소개서를 고쳐줬다. 그리고 그걸 통째로 외웠다. 일리노이대학교 어배너-섐페인 인류학과 학과장과 면담을 하고 싶다고 요청하자 학과 비서가 일정을 잡아줬다.

학과장실에 들어가 자리에 앉아 외운 대로 한 페이지 분량의 자기소개서를 줄줄이 읊었다. 한국에서 정치학을 공부했고 야학운동을 하면서 직접 교과서를 만들어본 경험, 또 보육운동을 하면서 느낀 점과 고민을 이야기했다. 인류학을 공부하게 된다면 이곳에서 배우고 싶다는 뜻도 덧붙였다. 내 이야기를 다 들은 학과장은 "Sounds reasonable"이라고 말하더니, 굴드 Harold Gould 교수에게 나를 연결해줬다. 굴드 교수는 인도 카스트 제도와 마르크스주의를 중심으로 연구하던 정치인류학자였다. 그렇게 굴드 교수를 만나 인류학 공부를 시작했다.

### 나의 쿨한 선생님

첫 지도 교수였던 굴드 교수가 인도로 안식년을 가면서 데이비스 플래스 선생님이 새 지도 교수가 됐다. 플래스 선생님과 공부해야 하는데 도저히 할 수가 없었다. 여름방학에 학교 동네에 있는 망한 아프리카계 교회가 쓰던 건물 하나를 샀는데, 완전히 쓰레기 창고였다. 그곳을 대학원 친구들과 같이 청소해서 가게로 꾸몄다. 그렇게 부모님을 위해 막 차린 식품점 일이 너무 바빠서 공부에 집중하기 어려웠다.

플래스 선생님은 굉장히 이해심이 깊은 분이었다. 이해심이라기보다도 아주 쿨한 분이었다. 선생님한테 "지금 코스를 다 따라가기가 어렵습니다"라고 말씀드렸다. 선생님이 "그러냐?"고 하더니 "그럼 넌, 나하고 그냥 인디펜던트 스터디independent study를 하자"고 했다. 당시 대학원에서는 인디펜던트 스터디라는 것이 있었다. 교수가 읽을거리를 주면 일주일에 한 번 만나서 그것을 갖고 얘기하고, 리포트를 쓰는 수업 방식이었다. 플래스 선생님은 한국에 대한 영어로 된 인류학 책들을 도서관에서 찾아보고 그에 대해 자기와 얘기하자고 했다.

1981년 당시에는 미국 도서관에 한국 문화와 관련된 책이 별로 없었다. 로렐 켄달Laurel Kendall의 한국 샤머니즘shamanism 관련 책 한 권, 빈센트 브란트Vincent Brandt의 《A Korean Village Between Farm and Sea》, 오즈굿Correlius Osgood의 《The Koreans and Their Culture》 외 몇 권 없었다. 없어도 너무 없었다.

한국 문화에 대한 영어 개론서는 일본 학자들이 쓴 것이 대부분이었다. 서문을 읽고 충격받은 책도 있었다. 제목은 기억이 잘 안 나지만 내용은 대략 이랬다.

"한국 문화라고 할 것이 별로 없다. 중국의 아류 정도다. 그래도 몇 가지는 좀 볼 만한 것이 있다."

거의 그런 식의, 굉장히 비하하는 시각이었다. 일제강점기 시절 일본 지식층이 미국에서 공부하고 영어로 쓴 것 같았다. 하도 화가 나서 옆의 아프리카계 친구한테 책을 보여줬다. 그랬더니 그 친구가 "이거 백인들이 우리한테 하는 얘기하고 비슷하네!" 그랬다. 유태인 친구에게도 보여줬다. 인종주의적인 편견, 민족적 편견, 한일 간의 편견은 우리만 겪은 일이 아니라는 것을 알았다.

### 일본에 대해 욱하는 마음을

나는 당시 일본 문화에 대해 별 생각이나 관심이 없었다. 오히려 인도 카스트 제도나 라틴아메리카 신화 분석에 관심이 있었다. 안데스, 잉카 사람들에게 관심이 있어서 케추아Quechua말을 배우면 좋겠다는 생각을 했다. 에콰도르 친구들도 있어서 그쪽에 관심이 많았다.

그런데 플래스 선생님과 인디펜던트 스터디를 하면서 일본에 관심을 갖게 됐다. 우리에게 있어 일본에 대한 민족적 감정은 제국주의 시대에만 걸림돌이나 벽이 아니라, 국제 사회로 나가는 데 있어 장벽처럼 작용하고 있었다. 그 부분을 연구해야겠다고 결심했다. 동시에, 한국에 대한 영어로 된 책들도 필요해 보였다. 그러면서도 인류학자로서 한국을 연구해 영어로 쓴다는 것이 왠지 지금도 헤게모니를 갖고 있는 미 제국주의에게 우리의 정보를 낱낱이 갖다 바치는, 일종의 에이전트 역할을 하는 것 같았다. 그리고 당시에 그것이 학위를 받는 가장 손쉬운 방법이기도 했다. 하지만 내가 미국에서 인류학을 배우겠다며 문화상대주의를 공부하러 와서, 쓰기 쉬운 한국 문화에 대한 박사 논문을 써도 되나 싶은 생각도 들었다. 그래서 케추아, 에콰도르, 인도 등 여러 곳에 대해 고민했다.

고민하던 중 플래스 선생님의 일본문화론 수업을 듣게 됐다. 일본에 대한 내 욱하는 마음, 이것을 극복하는 것이 제3세계에 대한 이해보다 더 도전적인 과제였다. 인류학자로서 나의 편견이나 피해의식을 버리고 이를 뛰어넘어서 정말 문화상대주의적으로 일본을 이해할 수 있을까? 그런 생각으로 수업을 들었다.

수업을 들으니까 일본 문화가 한국과 너무 비슷해서 금방 이해할 수 있었다. 미국 학생들에 비해 내가 굉장히 '쉽게' 이해하는 부분도 있었지만 모르는 것도 많았다. 우리가 지배를 당했으면서 일본을 진짜 우습게 봤던 것이다. 일본 역사에 대한 이해도 많이 부족하다는 사실을 알았다. 일본은 오래전부터 문물이 상당히 발달했고 한국보다 훨씬 융성한 나라였으며 덩치도 크다는 걸 알게 됐다. 그런데 우리가 지리적으로 중국에 더 가까우니까, 문화 중심지에 조금 더 근접하다는 서열 의식으로 일본을 변방 취급했다는 것도 알았다. 일본 사회 나름대로 상당히 치밀하게 만들어 쌓아올린 문화적 특징도 있었다. 하지만 그것을 용인하기 어려운 마음도 있었다. 이걸 극복해야겠구나 생각하면서 일본 문화 쪽을 좀 더 공부해도 되지 않을까 했지만, 아직 결정은 내리지 못한 상태였다. 당시 내 머릿속은 온통 '해송유아원' 생각뿐이었다.

"이순자한테 우리가 만든 해송유아원을 뺏겼고 나는 한국에 돌아가서 해송유아원 되찾고 달동네에서 지역운동을 한다."

그 생각밖에 없었다. 빨리 한국으로 돌아가고 싶은 마음이 가득했다.

나에겐 죄책감이 있었다. 1980년 광주민주화운동 때 미국에 있었는데 미국 생활이 너무 안락해지면 안 된다는 생각에 침대에서 잠을 잘 수 없었다. 담요를 깔고 바닥에서 자며 맥주 박스 두 개 위에 판자를 놓고 책상으로 썼다. 안락한 생활에 익숙해지지 않으려고 노력했다. 미국에 눌러앉으면 안 된다고 다짐했다. 미국에서 식품점을 하면서 고생도 했지만 한 2년쯤 해보니까 앞길이 보였다.

'아, 이렇게 하면 미국에서 돈을 벌겠구나! 호숫가에 이층집을 짓고 자동차도 몇 대 놓고 앞에 보트를 매달고 살겠구나!'

딱 그림이 그려졌다. 그래서 석사만 빨리 마치고 한국으로 가야겠다고 생각했다.

석사 과정을 하면서 조교가 됐다. 장학금도 받았다. 한국에 가야 하는데 마땅한 명분이 없었다. 하지만 시간을 더 오래 끌 수도 없었다. 한국에서 해송유아원 일을 같이했던 친구들은 이미 다 흩어진 상황이었다. 함께했던 유아교육 야간학교운동을 다시 회복할

길이 없어 보였다.

그래서 생각해낸 것이 현장 연구였다. 당시 학과에 여름방학 기간 중 대학원생을 위한 현장 연구 연구비 지원이 있었다. 나는 연구 제안서를 쓰면서 한국과 제일 가까운 곳들을 떠올렸다. 알래스카와 일본이었다. 한국에 가는 길에 들르려고 "일본이랑 한국 유아원을 비교 관찰하겠다"는 제안서를 썼는데, 그게 통과돼서 일본에 가게 됐다.

1983년 여름, 처음으로 일본에 가서 어린이집들을 둘러봤다. 혹시 한국에서 참고할 만한 어린이집이 있는지 보려고 이리저리 다니며 슬라이드 몇 장 찍은 것을 들고 한국으로 갔다.

## 1984년, 달동네 해송아기둥지

일리노이대학교의 입장에서 나는 연구비를 받아서 도망간 놈이었다. 한국에 와서 미국으로 돌아가지 않았다. 미국 집에서는 가출 수준이었다. 한국에서 연구 중인 걸로 되어 있었지만, 나는 연구를 접고 해송유아원을 되찾기 위해 난곡 달동네로 들어갔다.

난곡 해송유아원 바로 앞 여덟 평짜리 방에 세 가구가 살고 있었다. 내가 들어가니 이웃들이 무척 좋아했다. 화장실 하나를 열 몇 가구가 함께 썼는데 아침마다 난리였다. 그들은 내가 왜 여기에 들어왔을까 싶었겠지만, 어쨌든 한 가구가 쓰는 방 하나를 한 사람이 쓴다고 하니 환영을 받았다. 판자촌 동네, 난곡은 그런 곳이었다. 거기서 "새마을유아원에 뺏긴 해송유아원을 찾겠다"고 다짐했다. 한국에 와서 1년쯤 지난 후였다. 하지만 결국 해송유아원을 되찾는 일은 포기했다. 새마을유아원에 먹힌 것은 되찾을 수가 없다고 결론지었다. 유치원이나 학교 흉내 같은 건 내지 말고 창신동에 제대로 된 종일보육을 만들자고 결심했다.

인류학을 공부하며 저항문화라든지 빅터 터너Victor Turner의 통과 의례, 사회적 저항, 사회운동, 문화재생운동 같은 것을 조금 주워들었다. 지금 생각하면 얼마나 알아들었을까 싶지만 내 나름으로 오해했을 것이다. 어쩌면 오해한 게 더 잘한 일인지도 모를 만큼 굉장히 열심히 오해했다.

1983~1984년에는 이미 전두환이 정권을 틀어쥐고 있었다. 문화 정책도 허문도 같은 사람들이 하고 있을 때였다. 김지하 선생도 약간 투항하다시피 하고 여러 사람이 변절하던 시절이었다. 그때 나는 한국에서 문화재생운동revitalization movement을 시도했다.

"문화적 저항이라는 것은 근본적인 전복이 가능하다. 권력이 위에서 위세를 떨쳐도 그것이 다가 아니다. 일상생활에서의 저항이 중요하고 게릴라전이 중요하다. 진지를 구축하는 게 중요하다. 제도를 만들고 제도적 권력을 누리는 것이 세상의 표면을 뒤집는 것 같아도 일상생활의 변화를 실질적으로 이끌어나가는 것이 본질적인 운동이 된다."

인류학 공부할 때 주워들은 것으로 나름의 논리 체계를 만들었다. 그 개념으로 창신동에 해송아기둥지를 만들었다. 눈에 띄는 건물을 세운 게 아니라 달동네에 있는 건물 중 마당이 있는 약간 큰 집을 전세로 구했다. 이웃들과 똑같이 전세로 집을 얻어서 조금 개조한 거라 동네 사람들의 생활양식과 별로 다르지 않지만 대안적이고 공동체적인 양식을 선취하려고 했다. 장난감도 제품으로 된 것은 구매하지 않았고 아이들이 스스로 만들고 부수고 하면서 썼다. 지금 생각하는 공동육아의 중요한 교육 프로그램은 거의 그때 시작됐다.

"그런 저항 문화와 새로운 공동체적인 생활양식을 먼저 만드는 것, 그것이 교육이다. 가르치는 것이 교육이 아니라 생활하는 것이 교육이다."

이런 생각은 다 그때 했던 것 같다.

1984년에 이런 실험을 하고 있었다. 그해 여름이었다. 창신동 산동네에 해송아기둥지를 한창 만들고 있을 때, 플래스 선생님이 동아시아 지역을 다니면서 문화 강의를 했는데 크루즈를 타고 한국에 오신다는 소식을 들었다. 선생님이 "나 한국 간다!"고 편지로 연락을 해왔다. 선생님은 한국에 와 신라호텔에 묵었다. 호텔에서 선생님을 만났다. "뭐 하고 있냐?"고 물으셨다. 그래서 "사실……" 하며 창신동 해송아기둥지 이야기를 했다. 플래스 선생님은 그때 내가 한국에서 하고 있는 일들에 대해 "개가 일본만 연구하는 게 아니다"라는 식으로, 내가 연구비 떼어 먹은 애가 아니라 더 깊은 연구를 하고 있다며 일리노이대학교에 둘러대줬다.

신라호텔은 창신동과 지척이다. 플래스 선생님은 마침 내가 만들고 있던 현장을 보러 오셨다. 나는 망치 들고 뚝딱거리면서 집을 개조하고 있었다. 마당에는 모래밭도 만들었다. 그때는 동네 밑 철물점에서 모래를 사서 등짐으로 올려야 했다. 밤에 함께 일했던 친구들과 모여서 막걸리를 마시다가 선생님이랑 같이 언덕을 올라갔다. 선생님이 그 열기를 느낀 것 같았다. 그때부터 플래스 선생님에게 나는 "뭘 하고 있는 애"가 됐다. 애초에 나는 보육을 주제로 대학원에 입학했던 사람이었다.

## 유골발굴의 계기가 된 일본 현장 연구

반년 더 한국에 있었다. 제대하고 나온 후배 이기범 선생한테 해송아기둥지를 맡기고 다시 미국으로 돌아갔다. 대학원에서 한 3년 공부하며 주워들은 풍월이 현장에서 새로운 일을 만드는 데 얼마만큼 도움이 되는지 맛을 봤기 때문에 다시 공부가 하고 싶었다.

일리노이대학교로 돌아가 대학원을 다니면서 일본어 기초반에 들어갔다. 같은 수업을 듣는 학생들은 내가 일본어 강사인 줄 알았다고 했다. 학생 대부분은 1, 2학년이었고 나는 서른 살이니 그럴 만도 했다. 여름방학 때는 일본어 집중 과정에 들어갔다. 그 다음 여름 방학에는 미들버리컬리지Middlebury College의 일본어 프로그램에 참여했다. 마침 좋은 장학금도 받을 수 있었다.

플래스 선생님이 미들버리컬리지에 특별 강사로 오셨다. 플래스 선생님은 일본어를 오래했고 잘했다. 미들버리컬리지에서 일본어 공부를 시작한 지 채 두 달이 안 됐을 때였는데, 일본어 강사들은 내가 일본어를 잘한다고 좋아했다. 선생님도 내가 일본말 하는 걸 보더니 잘한다고 엄청 좋아했다. 여러모로 플래스 선생님은 나의 아주 적극적인 지지자였다. 그때는 선생님이 나에게 그렇게 대단한 지지를 보내며 신뢰하고 있다는 걸 잘 알지 못했다.

대학원 과정을 공부하면서 일본의 보육 문제를 연구해서 박사 논문을 쓰겠다는 결심을 굳혔고, 몇 해 후 나는 다시 현장 연구를 위해 일본으로 향했다. 그런데 운명은 현장 연구에 더해 코난-일리노이센터, 홋카이도, 도노히라, 슈마리나이로 나를 이끌었다. 그렇게 해서 동아시아공동워크숍과 유골발굴을 시작하게 됐다.

## 정병호의 선물,
## 동아시아에 심은 희망의 씨앗

**도노히라 요시히코**
일본 동아시아시민네트워크 대표

    1868년, 근대 일본은 대일본제국으로 걸음을 내디뎠다. 그 기둥은 군국주의와 식민주의였다. 그러나 1945년, 전쟁에서 패배하며 대일본제국은 종언을 맞는다. 300만 명이 넘는 일본인이 사망했고 아시아에서만 2,000만 명이 희생됐다.

    참담한 패배 후 일본은 군국주의 극복을 위해 노력했다고 할 수 있지만, 식민주의를 반성할 기회는 놓친 채 '전후' 사회를 구축해나갔다. 미국에 종속돼 경제 부흥을 지향했지만 중국, 한국, 북한 등 아시아 국가와의 역사적 화해에는 관심을 두지 않아 거의 성공하지 못했다. 그 결과, 군국주의를 극복하는 것조차도 흐지부지되고 말았다.

    1990년대는 일본 정부가 마침내 과거에 대해 언급하기 시작했다. 그 계기는 1991년 김학순 씨가 성노예로서 일본군 '위안부'였던 과거를 증언하며 일본을 고발했을 때였다. 한국 민중이 과거 식민지 지배와 억압에 대해 고발한 상징적인 사건으로 1990년대가 시작됐다고 해도 과언이 아니다.

1989년 정병호와 내가 만난것은 우연이었을지 모르지만, 1997년의 '한일대학생공동워크숍'은 시대가 요구한 사건 같았다. 일본, 한국, 재일동포, 아이누 젊은이들이 홋카이도 산속 슈마리나이 조릿대숲에서 강제노동 희생자의 유골발굴을 시도했다.

아시아-태평양 전쟁 이후, 식민주의를 자각하지 못한 일본인들은 아시아인들과의 화해를 외면한 채 살아왔다. 일본 내에서도 일본인과 재일동포의 관계는 철저한 차별과 억압을 동반한 단절과 괴리 속에 놓여 있었다. 아이누는 일본의 선주민이지만 존재 자체를 무시당하며 차별과 억압 속에 살고 있었다.

1990년대에는 화해의 조짐이 있었다. 한국에서는 이미 민주화가 진행되고 있었고, 일본 정부는 '고노 담화'에 나타나듯 정치적으로 반성의 기미를 보였다. 이런 변화로 동아시아 젊은이들이 만날 수 있었던 것이다. '강제노동 희생자 유골발굴 한일대학생공동워크숍'이라는 이름 아래 슈마리나이의 광현사에 모인 이들은 만난 순간부터 화학 반응에 버금가는, 빼앗긴 인간관계를 단번에 회복하는 듯한 우정을 경험했다.

하지만 이들은 역사 속에서 가해자와 피해자 관계에 놓인 사람들이었기에 갈등을 피할 수 없었다. 워크숍 기간에 일어난 '앙케트 사건'이 불러온 일처럼 말이다.

'과거를 반성하지 못하는 일본인'이라는 선입견이 있는 한국인, 일본 사회에서 일상적인 차별과 억압을 경험하는 재일동포,

그리고 아이누. 일본인 참가자들 중 사전 학습은커녕 유골발굴의 의미를 잘 모르는 사람도 있었을 것이다. 밤을 새워 마시고, 이야기하고, 노래하며 쌓은 우정이지만 대립을 피할 수는 없었다.

한국 측이 준비한 설문지에 반발하는 일본 참가자와 한국, 재일동포 간의 충돌로 인해 워크숍은 실패로 끝날 듯했다. 그러나 참가자들은 이곳에서 맺은 인간관계, 우정을 깨고 싶지 않았다. 결국 속마음을 털어놓으며 우정을 지켜내는 대단히 어려운 일을 이뤄냈다.

참가자들은 서로 마주하고 논쟁을 벌인 터였지만, 강제노동 희생자의 유골이 출토된 순간, 지금은 모두 함께 죽은 이들과 마주해야 한다는 것을 깨달았다. 그리고 서로 연결됨으로써 미래로 나아가는 방법을 배웠다. 이는 동아시아가 화해로 향하는 이야기가 시작된 것을 의미했다. 더불어 참가자들의 우정을 더욱 단단하게 만들고 앞으로 이어질 워크숍을 위해 벌어진 필연적인 사건이었다.

2000년대에 접어들자 일본은 곧바로 반동의 시대에 접어들어 우경화된 정치색을 펼쳤고, 편협한 내셔널리즘과 함께 재일동포를 향한 증오 발언 범죄가 횡행하기 시작했다. 과거 아시아 사람들에게 저지른 만행을 반성하지 못하고 자기중심적인 일본 사회를 내면화해온, 거의 무의식에 가까운 식민주의가 배외주의 형태로 분출됐다.

워크숍은 끝나지 않았다. 분단이 깊어가는 동아시아에서 경계를 넘어서 맺어진 젊은이들의 우정은 아시아에서 고립되어 배외주의가 횡행하는 일본 사회를 구원할 희망의 씨앗이다. 게다가 이들은 한반도, 대만, 중국으로 퍼져나가는 역사적 화해의 선구자이기도 하다.

    2024년 가을, 워크숍은 슈마리나이강제노동박물관을 건립했다. 동아시아 젊은이들은 앞으로도 슈마리나이에 모여 동아시아의 화해와 평화라는 미완의 과제를 계속해서 확산해나갈 것이다. '워크숍'은 정병호가 우리에게 남긴 선물이다. 소중히 키워나가자.

# 슈마리나이에서 피어난 평화의 씨앗

**김영환**
민족문제연구소 대외협력실장

　　1997년, 홋카이도 슈마리나이 강제노동 희생자 유골발굴은 내 인생의 방향을 바꿔놓았다. 2000년, 슈마리나이 겨울 워크숍 도중에 나는 지붕에서 떨어진 눈덩이에 깔려 허리가 부러졌고 나요로시립병원에 몇 주를 누워 지내야 했다. 그때 정병호 선생님이 병원으로 달려와 내 손을 잡아줬다. 그때 느꼈던 온기가 아직 생생하다. 선생님도 많이 놀라셨을 텐데 조용히 미소 지으며 말씀하셨다.
　　"괜찮을 거야."
　　선생님과의 추억 중 가장 기억에 남는 것을 꼽으라면 단연 모닥불이다. 한양대학교 에리카 캠퍼스 구석에서, 수리산 자락에서, 심지어 비 오는 날 아파트 베란다에서도 선생님은 늘 불을 피웠다. 어떤 어려움에도 불구하고 피워낸 불빛은 언제나 사람을 모이게 했다. 그리고 마음을 열고 대화를 이어가게 만들었다. 그 불 앞에서 우리는 삶의 방향을 이야기했고 세상과 만나는 법을 배웠다. 선생님에게 모닥불은 만남과 연대의 자리였다.
　　나는 선생님 곁에서 활동가의 길과 삶을 배웠다. 석사 논문을 마치고 진로를 고민하고 있을 때 선생님은 조심스럽게 이렇게 말했다.

"박사는 앞으로 돈만 있으면 누구나 할 수 있고, 대학 교수 되는 것도 너무 힘든 세상이 올 테니, 활동가로 살아가는 길도 있어."

기뻤다. 그 말이 나를 일본으로 향하게 했고 내 삶의 방향을 정해줬다. 나는 고치시高知市의 평화자료관 쿠사노이에草の家에서 5년 가까이 머물며 일본의 평화운동을 배웠다. 그 경험은 이후 내 활동과 실천의 기반이 됐다.

정병호 선생님과 '평화디딤돌'을 놓고 '70년만의 귀향'을 이뤄내며 함께 활동했던 시간들은 삶에서 가장 뿌듯한 경험이다. 2016년 12월 9일, 박근혜 탄핵소추안이 국회를 통과한 날이었다. 정진경 선생님이 직접 만든 피켓을 들고 류석진 선생님과 함께 여의도에서 마음껏 기쁨을 나누던 그날의 환희는 아직도 잊을 수가 없다. 일본의 강제노동 문제 해결을 위해 도움을 청할 때마다 선생님은 주저하지 않고 언제나 달려와줬다. 선생님은 세상 누구보다 든든한 버팀목이었다.

아주 오래전 어느 대화 모임에서 선생님은 당신이 살아온 삶을 담담하게 들려줬다. 선생님의 솔직한 이야기는 내게 열등감에 짓눌리지 않고 행복한 사람으로 살아가는 법을 일깨워줬다.

'아, 저렇게 산다면 행복하게 살 수 있겠구나.'

그때 나는 인생의 나침반이 될 보물을 찾아낸 듯 기쁘고 행복했다. 지금까지 그래왔던 것처럼, 앞으로도 선생님이 그렇게 말했을 때의 표정을 떠올리며 평화롭고 행복하게 살아가고자 한다.

선생님과의 인연을 통해 어느덧 나는 내 몫의 길을 걸어가는 활동가로 살고 있다.

"동아시아의 시민들이 국가와 민족의 벽을 넘어 이곳에서 평화를 실현하기 위해 어떻게 만날 수 있을까를 늘 고민하며 살고 있다."

나는 이 문장을 항상 내 소개글 마지막에 쓰고 있다. 정병호 선생님과 도노히라 스님이 슈마리나이에 함께 뿌린 평화의 씨앗은 그로부터 30년이 지난 지금, 동아시아 평화를 꿈꾸는 나무로 자라났다. 그 나무를 기둥 삼아 나를 비롯한 많은 이가 서로에게 배우며 성장해왔고 '평화의 열매'를 맺고 있다.

"일 없어." "잘 될 거야." "괜찮아."

# 현장의 인류학,
# 기억의 공동체를 만들다

**박선주**
체질인류학자, 충북대학교 명예교수, 전前 진실화해위원회 유해발굴조사단장

정병호 교수와의 인연은 35년 전으로 거슬러 올라간다. 오랜 미국 생활을 마치고 충북대학교에 막 자리를 잡았을 무렵, 정 교수를 처음 만났다. 훤칠한 체격과 조용하면서도 호감 가는 말투가 인상적이었다.

1996년 어느 봄날, 정 교수가 홋카이도에서 일제 강제노동 희생자 유골발굴을 하는데 함께할 수 있는지 물었다. 마침 홋카이도에 관심이 있어 동참하기로 했다. 발굴 준비를 위해 일본을 방문하면서 일본이라는 나라를 새롭게 돌아보게 됐다. 무엇보다 도노히라 스님과의 만남은 내 인생에 있어 큰 전환점이 됐다. 정 교수와 도노히라 스님의 뜨거운 열정과 강제노동 희생자 유골발굴 경험은 나를 인류의 보편적 인권 가치의 회복을 위한 길로 이끌었다.

1997년, 슈마리나이 공동묘지에서의 유골발굴은 일본 땅에서 벌어진 인권 유린 실태를 알리고 강제노동 희생자의 신원과 사망 원인을 과학적으로 규명하는 첫 번째 시도였다. 당시 총련 간부였던 손대용 선생과의 만남, 일본 참가자들의 철저한 공동체 의식,

순천 출신 무당과의 인연, 홋카이도 연어와 한국 보해 소주까지. 유골발굴 현장의 모든 순간이 잊을 수 없는 경험으로 남았다.

1998년, 한국에서 개최된 유족 방문 워크숍에서는 남해안과 낙안읍성, 고흥 근처 초등학교까지 슈마리나이에서 발굴한 유골의 유족을 찾기 위해 발품을 팔며 돌아다녔다. 정 교수는 지친 참가자들에게 유족 찾기를 계속할 수 있도록 힘을 실어줬다. 유족을 찾았을 때 참가자들과 함께 기쁨을 나누던 모습이 특히 눈에 선하다.

홋카이도 유골발굴은 2010년대 초반까지 아사지노, 아시베츠, 히가시가와로 이어졌다. 아사지노에서의 발굴은 한양대학교, 충북대학교, 홋카이도대학교 교수와 학생 들과 함께했다. 발굴이 끝난 후 정태춘, 박은옥 가수 부부의 공연으로 참가자들이 어깨동무를 하고 노래 부르던 장면은 지금도 생생하다. 히가시가와에서 명진 스님과 만난 일, 에오로시 발전소 근처 조사에서 억수같이 쏟아지는 비를 맞으며 점심을 굶었던 기억 역시 오래도록 마음속에 머물러 있다.

홋카이도에서 발굴하고 수습한 유해를 고국으로 모시기 위해 정 교수를 비롯한 여러 사람이 삿포로 총영사관을 방문한 일이 있었다. 총영사는 우리에게 유해가 한국인임을 증명하라는 황당한 말을 했다. 정 교수는 허탈해하는 우리를 묵묵히 격려하며 다시 길을 안내했다. 이후 여덟 차례에 걸쳐 유골발굴이 진행됐다. 정 교수는 그중 일곱 차례에 참여하며 유골발굴을 이끌었다. 정 교수가 없었던 유골발굴에서는 그가 얼마나 큰 존재였는지 새삼 느끼기도 했다.

훗카이도대학교에서 발견된 동학운동 지도자 유해의 후손을 찾기 위해 팽목항과 조도로 향했던 여정, 그리고 한국 전쟁 시 민간인 희생자 유해 발굴에 보내준 정 교수의 관심과 격려는 그의 인류학적 열정과 실천력을 보여주는 대표적인 사례다.

2015년, '70년만의 귀향'은 훗카이도 최북단 하마돈베츠의 텐유지에서 시작됐다. 오랜 세월 흩어져 있던 유해를 모아 일본의 주요 도시를 거치며 추도제를 지냈고 마침내 부산항에 도착해 위령제를 올렸다. 서울 성공회 주교좌성당 추모미사, 서울 시청 광장에서 진행한 '70년만의 장례식', 그리고 서울시립묘지 '70년만의 묘역'에 안치하기까지, 정 교수의 헌신과 실천은 우리 모두의 가슴에 깊이 새겨져 있다.

2024년 가을, 슈마리나이강제노동박물관 개관식에서 밝게 웃으며 호수 위로 떠오르는 해를 바라보고 앞으로의 계획을 논의하던 정 교수의 모습은 지금도 생생하다. 그의 실천적 삶과 행동은 나에게 깊은 울림으로 남아 있다. 이제 그의 발자취는 우리들의 몫으로 이어져야 한다.

# '분단'을 넘어서는 공감의 힘

**김정희**
일본 동아시아시민네트워크 활동가

1997년 여름, 슈마리나이에서 모두가 땀을 흘리며 유골을 발굴하고 있었다. 정병호 선생님이 발굴 현장으로 가스레인지와 냄비를 가져와 엄청난 양의 라면을 끓여줬다. 무척 놀랐지만 그 이상으로 기뻤다.

대학 교수, 공동묘지, 그리고 라면. 믿기 어려운 조합이었지만 그 안에는 선생님의 신념과 따뜻함이 담겨 있어 진심으로 감동했다. 딱딱한 땅과 싸우며 익숙하지 않은 육체노동에 지친 우리에게 라면 한 그릇이 얼마나 큰 힘이 됐는지 생각하면 지금도 가슴이 벅차오른다.

시간이 흘러 2024년 겨울, 슈마리나이공감대화워크숍 또한 잊을 수 없는 경험이었다. 선생님은 사람과 사람이 만나 진정으로 서로를 이해하는 방법을 가르쳐줬다. 20여 년 전, 도노히라 스님과 유엔을 방문한 후 이스라엘과 팔레스타인 사람들이 한 테이블에 앉아 이야기하는 모습을 전해줬다. 그것이 바로 '공감대화'였다.

선생님은 남북 분단을 넘어 화해를 모색하기 위해 공감대화를 시작했지만, 분단은 남북만의 문제가 아니라 사회 곳곳에 존재하며 사람들의 마음을 아프게 한다는 사실을 알았다. 선생님은 언제나 고통과 어려움의 현장에 시선을 두고 해결책을 모색하며 직접 행동에 나섰다. 나 역시 워크숍의 경험을 바탕으로 내가 살고 있는 현장에서 조금이라도 분단을 극복하고 서로를 이해하는 힘이 되고자 매일 노력하고 있다. 그 활동을 마음의 힘으로 삼아 내가 해야 할 일을 최선을 다해 해나가려 한다.

  정병호 선생님과 도노히라 스님이 함께 만들어준 동아시아 공동워크숍은 여전히 살아 있다. 이곳은 청년들이 국경과 분단을 넘어 서로의 마음을 이해하고 역사적 화해를 실천하는 장이다. 앞으로도 나는 이 워크숍을 진정한 만남의 장소로 이어가고자 한다. 선생님께서 남기신 선물과 그 의미를 소중히 키워나갈 것이다.

# 세계적 흐름 내 동아시아공동워크숍의 특징

**플로랑스 갈미슈** Galmiche Florence
인류학자, 프랑스 파리대학교 교수

　　동아시아공동워크숍의 출발점은 강제노동 희생자들의 위패였다. 이름은 기록돼 있으나 시신이 확인되지 않았고 묘지의 위치도 알 수 없었다. 이 죽음은 실종돼 있었으며, 그 실종은 긴 세월 가족들에게 불확실성과 슬픔, 해소되지 않은 기다림만을 남기고 있었다. 정병호 교수는 도노히라 스님에게 발굴 작업을 약속했다.

　　유해들은 지워져버린 개인의 비극적인 운명을 역사에 공식적으로 연결하고, 일본 식민 지배와 아시아-태평양 전쟁의 폭력을 보여주는 물질적 흔적이었다. 가족들의 사적 기억과 구조적 폭력에 대한 정치적 기억을 동시에 응축하고 있는 것이다.

　　이 일은 동아시아공동워크숍의 특징이기도 하면서, 동시에 다른 지역에서 진행된 유골발굴과 신원 확인을 비롯한 반환 과정과도 공명한다. 1980년대 이래, 과학, 법률, 기억을 결합하는 세계적 흐름이 나타났다. 아르헨티나에서는 1983년 군사 독재가 끝나자마자 '실종자'를 찾기 위해 법의학적 방법이 동원됐다. 1990년대에는 이런 방법이 구 유고슬라비아와 르완다의 과도기적 정의 transitionnal justice 절차에 적용됐다. 스페인에서는 내전 종식 수십 년이 지난 오늘날에도 집단 매장지 발굴이 진실과 배상을 위한 주요 쟁점으로 남아 있다.

세계적인 이 흐름을 여러 연구자는 '법의학적 전환forensic turn'이라고 부른다. 대규모 폭력에 대한 사회·정치적 대응에서 나타난 법의학 중심의 전환을 뜻한다. 법의학은 더 이상 단순한 신원 확인 기술이 아닌 정의, 진실, 배상, 기억의 핵심 도구가 됐다. 이런 틀 안에서 경험이 축적되고 국제적 교류가 심화됐으며 실천이 점차 표준화됐다. 과학적 엄밀성, 절차의 투명성, 그리고 유가족의 적극적 참여를 보장하기 위한 국제적 수준의 절차와 규범도 마련됐다. 이 기준에서 발굴은 여러 기능을 수행한다. 즉, 사법 절차에서 수용 가능한 증거를 제공하고 진실에 대한 권리를 보장하며 배상 과정을 지원하고 집단 기억에 기여한다.

그러나 이런 표준화 과정을 시민단체가 실행하기에는 노동력과 기술 자원의 확보가 힘들다. 다양한 요구와 제약(특히 과학·정치·시간적 제약) 간의 조율이 필요하며, 때때로 국제적 법의학 연구 절차와 양립하기가 어려워진다. 현장의 복합적인 현실은 필연적으로 긴장을 수반하는 구조적 조건을 갖추고 있다. 동아시아공동워크숍 초기 단계에서 피해자 유족과의 관계 속에서 발생한 긴장은 발굴 프로그램을 조기에 도입한 다른 나라들에서도 이미 경험한 바 있다.

동아시아공동워크숍은 유골발굴이라는 시민적 행위를 통

해 죽은 이들과 그 가족, 그리고 사회에 대한 구체적 헌신이 되는 세계적 흐름 속에 온전히 자리하고 있다. 이들은 과학적 지식, 추모 실천, 그리고 초국적 기억을 결합하며, 식민 지배와 전쟁에 관여했던 여러 나라의 학자, 학생, 시민, 예술인 들이 참여할 수 있는 유연한 틀을 만들어 활동하고 있다.

    동아시아공동워크숍은 시작부터 세대 간 전승에 특별한 주의를 기울였다는 점에서 독창성을 지닌다. 모임의 창립자들은 교육과 참여를 중시했다. 이 지향성은 워크숍에서 또 다른 워크숍으로 이어지는 참가자들 간의 유대 속에서 공유된 학습과 기억을 쌓아가는 과정으로 해마다 심화되며 발전하고 있다. 오늘날에는 과거 참가자들이 자신의 자녀를 데리고 슈마리나이를 다시 찾으며 이 작업의 세대적 연속성을 보여준다.

    이 워크숍은 과거를 향한 배상 노력에 국한되지 않는다. 미래를 향해 열려 있는, 그리고 살아 있는 전승의 공간을 만든다. 재일동포들에게 특히 큰 의미가 있는 활동이며, 여기서 이뤄진 만남들은 초국적 기억을 풍요롭게 해왔다.

    이런 점에서 동아시아공동워크숍은 다른 곳의 모델을 재현하지 않는 창의성을 갖는다. 지역 사회에 깊이 뿌리내린 기억을 되살리고 정의를 실천하며 동아시아에서 출발해 지역 맥락에 주의를 기울이면서 세계적 쟁점, 연대와 호응하는 방식을 만들어내고 있다.

## 계속 살아 숨 쉴 실천의 삶

**테사 모리스-스즈키** Tessa Morris-Suzuki
역사학자, 호주국립대학교 명예교수

정병호 교수는 탁월한 학문적 역량과 인간적 가치에 대한 헌신을 함께 지닌, 참으로 드문 인물이었다. 그의 연구와 학문은 말과 글로만 표현된 것이 아니라 세상을 바꾸려는 실천으로 드러났고, 많은 사람의 삶을 변화시켰다. 그리고 그가 일상에서 보여준 실천은 그의 저술과 사상 속에 다시 반영됐다.

나는 2008년 홋카이도 슈마리나이에서 열린 동아시아공동워크숍에서 정병호 교수를 처음 만났다. 그가 워크숍에서 얼마나 중요한 역할을 하고 있는지를 곧바로 알 수 있었다. 정병호 교수는 도노히라를 비롯한 워크숍 창립 멤버들과 협력해 한국과 일본의 젊은이들을 연결하는 멋진 네트워크를 만들어내고, 재일동포와 아이누, 동아시아와 다른 지역의 젊은이들까지 워크숍에 포함시켜갔다. 이 젊은이들은 워크숍과 유골발굴을 통해 슈마리나이를 비롯한 여러 강제노동 현장에서 숨지고 묻힌 조선인과 일본인 노동자들의 유해를 발굴하며 과거에 대해 배우고 생각을 나누면서 지역과 세계를 위해 더 나은 미래를 만들어가려는 열망을 가지게 됐다.

나는 정병호 교수의 동아시아공동워크숍 활동이 학자로서, 그리고 풀뿌리 활동가로서의 놀라운 경력 중 한 부분에 불과하다는 사실을 알게 됐다. 이후 나는 그가 북한 대기근의 절박한 시기에 북한 어린이들에게 식량과 두유를 전달한 일, 그리고 한국 내 탈북 청소년들을 위한 획기적인 교육 프로그램을 개발한 일을 듣게 됐다. 그는 모든 프로젝트에서 사유와 실천이 하나로 맞닿아 있는 삶을 보여줬다. 그에게 이런 실천은 북한 주민을 돕기 위한 과정이자, 동시에 북한 사회를 경청하고 공부하는 과정이기도 했다. 이 경험과 사유는 2024년에 출간된 탁월한 영문 저서 《Suffering and Smiling: Daily Life in North Korea》 속에 고스란히 담겨 있다.

　　2014년, 나는 한국에 머무는 동안 대부도 집에서 정병호 교수, 아내 정진경 교수와 지낸 적이 있다. 그때 정병호 교수의 또 다른 면모, 즉 한국에 정착한 사할린동포를 비롯한 한국 사회의 이주민 공동체를 위한 창의적 프로그램을 알게 됐다. 그가 한국과 일본의 젊은이들이 서로 배우고 경험을 나누도록 이끌었던 것처럼, 이번에는 한국 사회 안의 여러 이주민과 사회적 약자들이 각자의 이야기를 나누고 공감하는 자리를 만드는 데 힘쓰고 있었다.

　　'이야기 나누기'는 정병호 교수의 모든 활동의 중심에 있었다. 그는 은퇴 후 아이들에게 어려운 세상을 살아갈 힘을 줄 수 있는 이야기를 들려주는 '이야기 할아버지'가 되고 싶다고 자주 말하곤 했다. 정병호 교수는 멋진 이야기꾼이었다. 그의 따뜻함과 친절

함, 그리고 타인에 대한 진실한 관심이 그가 하는 모든 일에서 빛났기 때문이다.

그를 알게 된 것은 큰 행운이었다. 그리고 이제《긴 잠에서 깨다》라는 새 책이 출간돼 참으로 기쁘다. 이 책과 같은 기록을 통해 정병호 교수의 이야기와 그의 실천은 계속 살아 숨 쉴 것이며, 앞으로도 많은 사람의 마음을 움직이고 더 나은 세상을 만들어가는 힘이 될 것이다.

## 긴 잠에서 깨다

**첫판 1쇄 펴낸날** 2025년 12월 8일

**글·구술** 정병호
**편집위원** 정진경 정우창 윤은정 최은영 임성숙
**발행인** 조한나
**책임편집** 문해림
**편집기획** 김교석 김유진 김하영 박혜인 함초원 정현
**디자인** 한승연 성윤정
**마케팅** 문창운 백윤진 김민영
**회계** 양여진 김주연

**펴낸곳** (주)도서출판 푸른숲
**출판등록** 2003년 12월 17일 제2003-000032호
**주소** 서울특별시 마포구 토정로 35-1 2층, 우편번호 04083
**전화** 02)6392-7871, 2(마케팅부), 02)6392-7873(편집부)
**팩스** 02)6392-7875
**홈페이지** www.prunsoop.co.kr
**페이스북** www.facebook.com/prunsoop   **인스타그램** @prunsoop

ⓒ 정진경, 2025
ISBN 979-11-7254-097-5(03910)

* 잘못된 책은 구입하신 서점에서 바꾸어 드립니다.
* 본서의 반품 기한은 2030년 12월 31일까지입니다.